U0070178

新自然主義

與女兒的生命約定

葬儀百貨大亨李濂淞
用愛翻轉人生

李濂淞——口述　孫沛芬——執筆

目次

第三章

峰迴路轉的職涯：上天給的燒腦習題

第四章

葬儀百貨開啟人生新頁

第五章 回到起源：我的根

後記

寫在前面

給天上的祐慈

親愛的祐慈：

爸爸出書了！想不到吧？

說起來，真的要感謝祢！

祢來到我的生命中，帶來了美好與奮鬥的力量。

祢的驟然離去，一度讓我失去了生存意志。

但祢知道的，

爸爸總是能從一次又一次的挫敗中，

奮力爬起。

如同戲劇般起伏曲折的人生歷程，

我想寫下來。
或許這也是一種助人的方式，
只要有一個人被我的故事激勵而努力奮發，
那就真的是做了功德。
我相信，
這應該是樂於助人的祢，
默默促成的吧！
這本書，
獻給祢，
願來世相見，
我們都可以不再受苦。

給正在生命中浮沉掙扎的你

當命運總是一再開玩笑，
當努力總是變成一場空，
到底還能如何改變？
那就看看這本書吧！
我那曾經如同螻蟻般求生存的日子，
每一次谷底，
都是反彈縱躍的起點。
跌得越深，
往往能跳得越高，

如果沒有，
那就再跳一次。
如果你正在煩惱憂傷，
那就站起來，
跳一跳，
或許你能跟我一樣，
找到翻轉人生的動力！

推薦序

彌補太魯閣號事故家屬，完成生死兩安任務

二〇一七年七月初，亞洲最大的殯葬集團馬來西亞富貴集團邀請台灣殯葬業者組團赴馬來西亞及新加坡富貴集團參訪與交流，由代表台東殯葬公會的李濂淞理事長、代表中華禮儀師協會的薛森源理事長，及代表中華殯葬教育學會的個人，共同擔任領隊。在桃園機場第一次認識濂淞，他給我的第一印象是年輕有活力、熱情誠懇及個性海派。

熱心服務，廣結善緣，加上行事海派的個性，濂淞被推舉為中華民國葬儀商業同業公會全國聯合會（全聯會）理事長，真是實

至名歸。

二〇二一年四月太魯閣花蓮出軌的重大災難震驚國內外，也造成許多傷亡與無數家庭的生離死別，正當國人陷入一片愁雲慘霧及許多受難者家屬陷入無助之際，濂淞與各縣市公會理事長率殯葬同業先進，於第一時間進駐花蓮殯儀館協助家屬處理喪葬事宜，並由七六行者幫忙遺體修復，讓逝者有尊嚴的離去，彌補家屬心裡的傷痛，順利完成了生死兩安的任務。

全聯會的義行讓家屬感動不已，並對殯葬同仁善盡文化及公衛等社會責任留下深刻印象，也大為提升國人對殯葬業者的正面形象。

欣聞濂淞要將他用愛翻轉人生的奮鬥史出版成專書，個人有機會先睹為快，全書以第一人稱敘述成長之路，書中有笑有淚，趣味盎然。採訪及文字整理的孫沛芬小姐功不可沒。讀者一方面可以了解一個企業家的成長過程，獲得一些啟發；另一方面可揭開被大家視為禁忌的殯葬業的神秘面紗，滿足好奇心。本人誠摯的向大家推薦。

中華殯葬教育學會前理事長
大同技術學院前校長
尼加拉瓜太平洋大學教授
王士峰

推薦序

提升殯葬業形象，帶領業者開拓視野

有生就有死、死是人生必然的終點。但華人向來忌諱談死，許多人甚至避而不談、毫無準備，也讓殯葬業難免帶著神秘面紗。近年治喪文化與時俱進，從陪伴家屬到陪亡者走最後一哩路，透過不同形式越來越有溫度。

與李濂淞理事長在友人介紹下相識，當時他剛投入殯葬百貨業，年輕的他積極、更具企圖心，對殯葬業有極大的憧憬及目標。歷經喪女之痛、用同理心協助家屬；更善行他人、承擔全國葬儀喪業同業公會聯合會理事長，致力提升殯葬業者形象。

落地為兄弟、何必骨肉親！花蓮太魯閣號列車出軌事故，在災難時刻，他親力親為帶領同業進駐現場整合資源人力，協助罹難者完美修復、處理善後，讓殯葬業獲得家屬與公部門的肯定。

台灣殯葬服務品質的提升與改革，向來由民間企業引領走向，期許李理事長一本初衷、熱情參與，在環保葬與簡葬趨勢來臨之際，以前瞻性的作為，帶領業者開拓視野！

台東縣葬儀商業同業公會創會理事長　吳昭儀

推薦序

致敬送行者們的仁與義

和濂淞兄認識於太魯閣列車事件，身為葬儀商業同業公會全國聯合會理事長的他，並非只是一個殯葬業者，他一直是默默穿梭在災難現場，為離世者安排人生最後一程的靈魂人物。我在他身上看見送行者的仁與義，彷彿是上天在人間安排的天使，指引往生者的魂魄，回到造物主的懷抱。

濂淞兄總在第一時間號召人馬，趕往災難現場，協調在地殯葬業者。奔走協助往生者的身後事，面對生離死別的痛苦，他們總是一再目擊人間最悲傷的畫面，而這最後的陪伴，若非至情至性，充滿同理之心，又如何一再自發投入。為了保持協調的公正性，他們也絕不接災難現場的殯葬業務。

我在卸下公職不久後，回到花東探視傷患時，也再度向當地殯葬業者致上謝意。沒有人希望災難再次發生，但當天災人禍發生在不同縣市時，經驗跟作法各有不同，濂淞兄卻是參與多次救災工作。我們言談間提及災難現場必定是混亂的，希望政府單位共同整合資源人力，結合民間單位配合之因應，讓災難現場的喪葬事宜，有井然的標準程序，這也是對往生者及在世家屬的尊重，我也隨即向內政部部長徐國勇反映此事。

在太魯閣列車事故發生時，「七六行者」大體修復志工隊伍也抵達現場。這支志工隊從澎湖空難和高雄氣爆開始組織，以兩起事件的總罹難人數為記，「七六行者」便是團隊名字的由來。如今，他們的大愛精神要讓許多遺體修復師，紛紛投入義舉，令人感佩。

在濂淞兄的協調下，大體修復師日以繼夜投入修復工作，修復工作是專業的，但人非草木，他們告訴我，許多時候他們必須強忍悲傷，進行修補，盡力恢復往生者生前容貌，我想他們為罹難者遺體修復同時，也試著想修補家屬破碎的心。

台灣發生重大災難時，義消、特搜大隊、醫護人員、宗教團體及民間社團志工，往往主動集結到現場協助，傷痛中的無私奉獻的付出，這是台灣土地上無聲的仁與愛，也是高貴的人性的體現。

書中濂淞兄的回顧自己的成長過程，也找到讓自己獲得力量的方式。家中困境雖不斷重演，但面對人生的磨難，他不怨天也不尤人，屢次在跌倒後奮力站起，堅毅地承擔家庭重擔。當心愛的女兒受罕病折磨，他仍試著保持正念，也得貴人相助造就了助人的信念，這一關又一關的錘煉，我相信是來自上天的任務交付。

從審視自己的過往故事，到獲得新的人生感悟，濂淞兄未曾忘記和女兒的約定。從事殯葬行業後，他將心中的愛擴大投身公益，一路秉持尊重並善待亡者與家屬的信念，一次次完成不平凡的使命。

新冠疫情爆發後，濂淞兄向我反應，葬儀人員因接觸確診往生者，造成染疫風險，他也為人員的健康安全奔走、爭取權益。得知消息時，我透過光合基金會募集三千件防護衣供葬儀人員使用。無論是救災檢討、建議方案，亦或生命課題，我都感受到人間大愛天使綻放的光與熱。

太魯閣列車事故發生時，每一個家屬悲痛的模樣永遠烙印在我的心上，我經常祈禱，盼望人間再無來不及的訣別，再無需要濂淞兄及他的團隊，迫切需要趕到之處。

前交通部長、光合基金會創辦人

林佳龍

推薦序

生命教育是用「體會」的

一個人的「老邁」或「年輕」，不是歲月可定義的，而是能保持對生命之熱情和旺盛的學習心。所謂「求知若饑；虛心若愚」，李濂淞理事長具體的表現正是最佳的寫照。

走讀翻閱於書稿間，隨著高低起伏的章節，看到了那俯拾皆是的挫折、不如意事件，卻內含著生命韌度。當遇見太魯閣號事件進而啟發，「變」是世界上不變的真理，當無常一到，則萬事休，更顯生命的有限與滄海的遼闊，此正印證尼采：「參透為何，即可迎向任何」的箴言。

生命教育不是用教的，是用體會的，殯葬業者的團結及七六行者團隊走出去的服務，在互助、捨得、實做中，體悟「在簡單中看見不容易，在不容易中看見簡單」，進而轉化為有機、有料的智慧寶藏，為自己生命注入一股清流活泉。終於頓悟，「人間好風水，不在山頭而在心頭」，造就今日殯葬業招牌，因你們而閃亮。

所謂「望鄉天地遠，思鄉日月長，不管夕陽把樹影拉得多長，樹根永遠在泥土裡深展」，精采生活故事中無法抹滅的地方——台東。故鄉是他生命能量的湧泉，用最後重要章節來闡述，可見作者歸屬於重情、重義不忘本的有識之士。

綜前所述，映照「服務就是本錢，不努力就不值錢」的常規，請看李濂凇理事長以身作則的示範就知悉。莎士比亞在暴風雨這齣戲劇開場白曾說「凡過去發生的一切，皆為序曲」。總之，人生的起點，不是誕生；而是開始「奮起」的那一刻。基此，那就該用力揮灑生命成為自己最佳的創作者吧！誠摯的盼望，閱讀後付諸行動，來撰寫屬於自己獨特的歷史。

卑南鄉鄉長

許文獻

推薦序

生命，因為有愛而豐富燦爛

生命，從出生到盡頭，每個人的看法有千百種定義。

人生，到底什麼是成功的人生、什麼是我們所追求的人生？

李濂淞用他親身經歷，真摯、真誠的把實際感受表達出來，讓我們深深體認到一份真誠的愛，延續無盡的生命之魂。

雖然這本書沒有非常優美的文詞，但是每一點一滴都能讓你感受到他對子女、家庭及社會充滿真摯，坦誠內心最直接的感受。

尤其，從他女兒生命的痛苦過程中所體認，以及他在居無定所漂泊的生活中所認識到的，最後轉折，讓他重新站起來找尋自己真正原來生長生命的起源。

我希望所有正在閱讀本書的你，能靜下心來思考：

你的人生是什麼樣子的？

你追求什麼樣的人生？

得到！失去！追尋！放棄！

我相信大家都能體認到，只有「有愛」的人生，才能給你帶來豐富燦爛的生命，值得回味的一生。

願，用此書的小愛，來成就這個社會、國家的大愛。

全國商業總會理事長
許舒博

推薦序

成為更好的人

認識濂淞已經有超過三年的時間，他是一位很有想法且勇於挑戰的人，因為擔任他的碩士論文指導教授，所以也讓我有機會對殯葬產業有更多的認識，從指導論文過程中，發現他對這個產業很有想法與願景，勇於開創新的經營模式，願意讓利給合作廠商，事業經營成功之餘，更是願意回饋社會。

今濂淞將個人故事撰寫成書，與社會大眾分享，有幸先閱讀書中內容，讀後就想到孟子曾說：「天將降大任於斯人也，必先苦其心志，勞其筋骨，餓其體膚，空乏其身，行拂亂其所為，所以動心忍性，曾益其所不能。」這似乎就述說著上天給濂淞的試煉與責任。

濂淞不僅事業經營成功，並擔任葬儀公會全聯會理事長，不過很多人只看到他與妻子雅琴現在事業有成，家庭幸福美滿，熱心社會公益，卻不知道這對夫妻過去的傷與痛。但在濂淞與雅琴夫妻的相互扶持下，轉化傷痛成為前進的動力，用心經營事業，才能有今日的成就。更難能可貴的是，願意幫助更多需要幫助的人。

相信他們的故事可以鼓勵生活不如意的人，只要願意努力，幸福就在不遠處。讓生活平順的人，更懂得知足感恩。也讓我們一起努力成為更好的人。

國立彰化師範大學企業管理學系教授

張世其

推薦序

從女兒的生死託付，看生命成長與殯葬改革的落實

沒有看過這本書的人，很難了解一個人的一生竟然可以如此曲折。不過，只要看過這本書的人，就會發現作者的一生真的不簡單。在此，所謂的不簡單，不是指作者的曲折有多精彩，而是作者如何從逆境中開創新的人生。

這種新的人生，沒想到居然是死去的女兒所促成的。對作者而言，女兒的死對他是一大打擊。但女兒並沒有因此怨恨父親，反而利用託夢告訴父親未來的生死任務。從此以後，作者在反復的歷練中成就自己生命的一條奇特之路。

或許，從現在來看，一個人的生命覺醒並沒有甚麼太了不起之處，頂多就是這個人比較有慧根。但是，要從個人生命的覺醒走向殯葬改革之路，就不是一般人所能做到的。對作者來說，從事殯葬的工作不只是為了生活、為了賺錢，也是為了對女兒生死託付的回應，更希望藉著此一回應能夠照顧更多遭遇生死困境的人，幫他們解決問題，使他們能夠生死兩相安，未來能開創更美好的前景，正如作者自己那樣。

目前，作者正以葬儀商業同業公會全國聯合會理事長的身分挑戰殯葬改革的難題。對殯葬業者而言，服務固然重要，賺錢更是重要。本來，工作為了賺錢就是天經地義。但對作者來說，殯葬服務的對象不同，他們是往生者，生死對每一個個人或家庭都是極大的衝擊。所以，需要所有殯葬業者共同努力一起為他們分憂解難，這就是作者擔任全聯會理事長的初衷，也是他從事殯葬改革的最終目的，更是他對女兒生死託付的回應。有感於此，特為之序！

尼加拉瓜太平洋大學殯葬事業管理研究所教授兼所長
中華殯葬教育學會理事長・輔仁大學哲學博士
尉遲淦

推薦序

用感謝回饋家鄉，讓台東成為充滿愛的地方

將近二十年前，我和濂淞認識，當時濂淞在台東寶桑路上開店，我常常去找他聊天，濂淞與妻子為人和善，一家人總是和樂融融氣氛溫馨，深刻感受夫妻倆與一對子女間的親密感情。

二〇一一年，濂淞的女兒早逝，濂淞夫妻將對女兒的思念與不捨，化為力量與大愛，投身生命禮儀，更接下重擔擔任葬儀公會全國會理事長，在二〇二一年太魯閣號火車事故中，濂淞也自掏腰包，義務提供許多協助，熱心公益，盡己所能善行他人、回饋社會，讓人很感動。

濂淞和我都是台東出生長大，對台東充滿感情的人。濂淞在書中寫到，「感覺就像是有一條隱形的線，緊緊牽繫著我與這塊土地」濂淞一生多次離開台東到高雄、台中、台北生活，最後都因緣際會回到家鄉台東。濂淞從小生活的正氣路，充滿他許多成長的回憶，就像我出生長大的的同樂街，每個角落都充滿故事。

在書的最後，濂淞說，「我想，這輩子無論身在何處，台東永遠都是我的家」。謝謝台東這塊土地，讓我們在這裡幹活、戀愛、結婚，有失落也有幸福的回憶，家鄉養育我們，讓我們成長，把感謝回饋給家鄉，讓台東能成為充滿愛、更美好的地方。

立法委員

劉櫂豪

推薦序

一位做什麼都會成功的人

第一次見到濂淞，是在他們兄弟合開的葬儀百貨行裡，對著一大面牆的骨灰罈、神主牌位、金銀紙錢，聽他聊著踏入殯葬事業的種種，和對未來事業的規劃。感覺眼前這位年輕人和其他人不太一樣，他對殯葬工作有著滿滿的熱情。

再一次見到他，是在宜蘭普悠瑪事故的臨時大廳，他是所有台東人的訊息中心，每天第一個到現場最後一個離開。隔一陣子見到他，他已經是全國葬儀公會理事長，在台東娜魯灣飯店請大家吃飯。

二〇二一年四月太魯閣事故發生，我們又不得不時常見面，他仍然是每天第一個到現場最後一個離開的那位。

過一陣子不見，聽大家說他準備去選鄉長施展抱負。再過一陣子不見，電話打來便要我替他的新書寫序。

濂淞就是一直在突破自我、勇敢創新的人，每隔一陣子沒有聽到他的消息，就要期待他不知道又去完成哪一件事情了，他的生命字典裡似乎沒有懼怕兩個字。

很期待他這本新書要和大家分享的人生理念，更期待他人生的下半場。

台東縣長 饒慶鈴

作者序

微光中的勇氣

這一生，跟小房間似乎很有緣，像是兒時住的小房子、結婚時蝸居的救世殿倉庫，還有金香鋪二樓的臥房，幾乎都是三坪左右的狹窄空間，沒想到，住著住著，竟成了習慣。儘管已在台東購置了寬敞的家，每次回去，還是喜歡待在主臥旁的小房間，應該是有種被包圍的安全感吧！每當夜深人靜，待在小小的臥室，在隱隱的微光中，彷彿能再度感受到，篳路藍縷走來的每一步艱辛。

寫書這件事，曾經是連想都不曾想過的，但事業逐漸做到了一個規模，熟識的朋友跟我說，你的人生那麼有戲劇性，又是一路苦過來的，想不想出一本書？我心想，我的書會有人看嗎？但後來又有個聲音在腦中響起，如果我的故事可以激勵別人，是不是該來寫一下？

寫書的過程，每每回憶起那悲苦無助的過往，內心總是百味雜陳，情緒也跟著百轉千迴。我很清楚，往事並不如煙，而是深深刻印的生命軌跡，每當感覺到山窮水盡，突然就會出現置之死地而後生的機緣，讓我又能重新復活，這要感謝生命中許多的貴人。

我的妻子張雅琴，從她十八歲跟我一路走到現在，吃過無數苦，大著肚子還要跟我跑路、擺夜市，同時為了罕病的女兒勞苦奔波，卻不曾有過怨言，始終不離不棄。如今她除了是枕邊人，也是事業上的好戰友，真的要感謝上天賜予的珍貴緣分。

家人，是我最大的軟肋，也是最深的牽絆，他們時而考驗我，時而給我助力。包括爸媽跑路時收留我、疼愛我的阿公、阿嬤，常常用智慧鼓勵我的父親，還有嚴厲教導我的母親，以及我的哥哥，在事業最需要幫助的時候，無條件跳下來幫忙，如今也為我坐鎮管理台東的公司，是可以商量工作與家事的最佳夥伴。

早年在台東，有位固定來回收瓶罐的慈濟志工蔡秀琴，得知了家裡貧困及女兒身體的狀況後，回報給慈濟，讓我們受到很多幫助。另外，當時任職於花蓮慈濟醫院的陳榮隆醫師，發現了女兒祐慈罹患罕病高雪氏症，不僅在醫療上救治，也協助申請許多補助，為我們減輕了很多醫療負擔。

從事香菸業務時的老闆陳保元，可以說是我成家立業的最大推手。不僅借我錢補辦婚禮，還在籌備成立葬儀百貨時，再度借款讓我打下基礎，甚至是關於鋪貨行銷、公司架構以及人才培育，也都給了我很多的啟蒙與建議，讓我能夠更快掌握經營之道。另外，也有位不願具名的貴人，總在資金見絀時，慷慨相助，幫我度過難關。

要感謝的人太多，有些在書文中會有詳述。最後，還要感謝在命運無情的擺弄中，不曾放棄過的自己。儘管每次的殘酷重擊，都讓我一度失意喪志、心如死灰，但骨子裡的倔強，總是能一次次地將我喚起，那不甘心被命運打敗的骨氣，讓我拚了命地在黑暗中，抓住那一絲微光，一而再、再而三地，從挫敗的泥淖中爬起，才能一路披荊斬棘，翻轉人生。

我始終相信，天道酬勤，只要願意拚搏，再難的坎，都能跨越！

楔子

天使女兒捎來的人間功課

女兒走後，我大約有半年多的時間，幾乎都呆坐在金紙鋪的客廳裡，什麼都不想做，也失去了前進的動力。

有一天，一如往常，我在客廳的沙發上不小心睡著了，夢裡感覺自己半蹲半坐在沙灘上，面對著大海，忽然間，有人從後面拍我的背，是女兒！

她對我說：「爸爸，要不要陪我走一走？」我牽起她的手，一起散步著，我端詳著她，清秀可愛的臉龐依舊，彷彿不曾離開過……

她跟我說：「爸爸，我的功課結束了，必須要走，我的離去，就是爸爸你功課的開始，要好好加油一下！」

我頓時醒來，卻已不見女兒身影，但她的一席話，讓我的人生瞬間醒悟！

是啊！不能再這樣悲傷沉淪下去了！

女兒交給我的功課，要在人間好好做，才能用另一種形式延續父女的緣分！

第一章

跑路人生

在飄泊中成長的歲月

1 跑路中被遺忘的孩子

很難想像，全家跑路，卻把我一個人孤伶伶的，留在了陌生人的家……

對我來說，父親如同天一般的存在，對兒時的我來說，不曾想過，心中的天，竟也有難以支撐的一天。印象中，爸爸很聰明、也很有智慧，但時運不濟。他最早從事修車，大約在我國小五年級時，改做電腦自動洗車，光是機器就投資了數百萬，當時在台東是很先進的，足見他很有生意眼光，每天洗車的人大排長龍，開業才兩個月就回本，就在第三個月，地主看到我們大賺錢，硬生生把我們趕走，之後父親一直找不到適合場地，洗車事業中斷，因而導致周轉不靈，只好跑路！

當時的我，只有國小六年級，被迫開啟生命中第一段跑路人生，那時候全家為了躲債，暫住在爸爸的朋友家，有一天當我醒來，睡眼惺忪，猛然發現全家都不見了，只剩我一個人，當時還以為是做夢，找了整間房子，呼喊了許久，都沒人搭理我，這才發現，我被家人拋下了！

當下我驚慌失措，頓時不知該如何是好，對一個才十一、二歲的孩子來說，真的是無助到了極點！後來是阿嬤把我領回到廟旁的家生活，供我讀書，跟阿公一起照顧我，才算暫時穩定了下來。

爸爸跑路之後，有時在路上人家會問：「你是誰的兒子？」結果回答後得到的回應是，「原來你是某某某的兒子喔！你爸爸還欠我錢……」讓我很無言，從小，身上就貼著爸爸欠債的標籤。

諷刺的是，因為我太調皮，偷了阿公的錢，被爸媽抓去台北唸書，才終於與跑路的家人團聚。那是國二上學期的事，我轉學到景美的福興國中，當時成績很好，幾乎都是班上第一名，老師還跟我說，我是班上唯一有能力考到好學校的學生。可惜半年後全家就回台東了，成績頓時被打回原形，回到吊車尾狀態，只因台東一起鬼混的朋友太多，常常相約出遊，沒有心思好好念書。唯一值得慶幸的是，總算暫時告別了跑路人生。

2 爸媽跑路，我自己賺零用錢

一個十三歲的孩子，在大人跑路時，自己養小動物養成了賺錢的生意，這大概是當時逃到異鄉的爸媽，跌破眼鏡也想不到的吧？

爸媽跑路離我而去的那段日子，阿公、阿嬤不太管我，我常常到處玩樂，像是遊樂場之類的地方，常常需要用到錢，但是要太多零用錢會被阿公、阿嬤念，只好自己想辦法賺錢。

那時我才國一，坊間很流行養小動物，我跟風養了天竺鼠，但不是單純當寵物而已，還拿去賣，一隻賣五十元，生意做得嚇嚇叫。

關於天竺鼠的交配與繁殖，小小年紀的我，已經很有一套。剛開始先買一公一母，交配之後繁殖，後來就只留下一隻公的，其他都買母的，這樣才能增加生育，大概養了有幾百隻，賣到我阿嬤看到天竺鼠就覺得很驕傲，常常逢人就說：「我那孫子很厲害！」

賣天竺鼠的收益，就拿去增購飼料、買交配的新鼠。甚至還懂得不能近親交配，比方說，買一隻公的、兩隻母的，之後把公的賣掉，留下母的繼續去跟其他公鼠交配生育，然後母鼠再去跟寵物店換取別隻來繁衍後代，這樣交錯，才不致造成下一代幼鼠產生畸形或易生病體質。

天竺鼠一個月生產一次，每胎兩隻，不斷繁殖，結果數量多到連阿嬤都幫我拿去賣，賺上個兩萬塊，就能補貼生活和學費，就不用再伸手要零用錢。

現在想想，還挺佩服自己那麼小就有如此精明的商業頭腦！

3 我是檳榔小王子

我以為，只要認真幫家裡賺錢，就不會再有跑路的慘況發生，所以非常拚命，十九歲就賣檳榔賣到全台灣，最高一天可以賣出兩百萬的貨，但命運似乎還是沒放過我們……

高中畢業前，因為要參加畢業旅行，需要旅費，跟媽媽拿錢時，她跟我說：「那邊有檳榔，自己拿去檳榔攤賣，賣的錢就拿去交。」我當時摩托車騎了，就去賣檳榔，自己的畢業旅費自己賺，似乎也開啟了我在檳榔業務發光發熱的序幕。

十八歲那一年，哥哥要去當兵，在他入伍那一天，爸爸跟我說：「你哥要去做兵了，家裡檳榔沒人賣，就你去賣吧！」他寫了各種檳榔的單價，給了一台小發財貨車，讓我去做生意。一袋一千顆，大約九公斤重的檳榔，一次可以載將近三萬顆，也就是差不多三十袋，載著去檳榔攤兜售。

檳榔攤都會有既定的貨源，我要做的就是突破，等於是衝業務。我到檳榔攤，總是很有禮貌，帶著笑容，但常常被人家誤以為我的檳榔是偷採的，因為實在看起來太年輕。或許正是如此，不少人疼惜我這個小弟弟，第一次去就整車賣完，賺了六千多塊，從此爸媽便覺得我是做生意的料。

十九歲那年，我就把爸爸的檳榔賣到了全台灣，怎麼做到的呢？我先去找台東種荖葉的業者，我想他們一定有認識各地的中盤商，畢竟也要把荖葉賣到外縣市，我請他們介紹給我幾個客戶，就開始電話聯絡，把檳榔寄到全台各地，最高一天可以寄出兩百多萬的貨。

我在檳榔領域，逐漸闖蕩得小有名氣，有趣的是，我去收款的時候，人家還不相信就是我負責生意接洽的，客戶看到我，都會問：「弟弟你幾歲？十九歲，這些都是你寄的？」對！當時甚至已經賣到沒貨給在地的檳榔攤，於是我跟爸爸說：「要嘛去跟別人買來再轉賣，要嘛就是再承租檳榔種植地」，評估後決定採用後者，我負責採收，當收成量過剩，就往外縣市銷售。原本家裡承租四十甲的種植地，因為我太會賣了，又多買下了七甲地。

當時雖然很年輕，但我很認真地把這個工作當成事業來做，賣檳榔是，採檳榔也是。別人採收，可能只放到與貨車邊板齊高就載走，我是放到整個滿出來才行，這樣可以增加運送效率，不用來回跑那麼多趟；而且檳榔一天天長大，過大就報銷，因此搶時間採收是必須的，把貨車裝好裝滿，是一種堅持，也是敬業態度。

開始幫忙檳榔生意之後，家裡經濟狀況好很多，每兩天寄一次檳榔，平均一周可以寄出五、六百萬的貨，當時大概幫家裡賺了兩、三千萬跑不掉，還買了兩間房子，五輛車，包括吉普車、房車還有貨車。後來爸爸開始做六合彩，到我退伍時，房子已都賣掉了，家道也中落，那時我還不知道，另一場風暴，正等著我們。

4 再度被迫漂流

債主們紛紛湧進來，真的很恐怖！一進門就摔茶杯、丟東西、講話大小聲，但爸爸還是拿不出錢，最後只能再度跑路，而我又是全家最後一個撤離的……

退伍回來時，家裡經濟就很糟了，當時已經欠債數千萬，不僅把我當兵前幫家裡賺的錢都賠上，還借了很多錢，這跟爸爸做六合彩組頭大有關係。

還記得剛退伍時，跟爸爸要五百塊錢加油，他居然跟我說家裡沒錢，沒想到當兵短短兩年間，所有的錢都敗光了，爸爸沉迷六合彩簽賭，讓整個家陷入困境，當時他也曾經想要力挽狂瀾，很努力的繼續做菁仔生意，但終究還是撐不起來。

那陣子，我曾經想把整個家攬起來，試著跟債主們談判，看看該如何還錢。後來才發現，一個月光是利息，就高達五十幾萬，以三分利來算，估算欠債至少兩千萬以上。其實，原本是有機會還錢的，因為六合彩也會贏錢啊！但家人面對借款，不還本金，只還利息，甚至還說，錢要留在身上才有安全感！就這樣，連本帶利的越滾越大，成了拖垮家中經濟的最後一根稻草。

那段日子，債主們紛紛湧進來，真的很恐怖！一進門就摔茶杯、丟東西、講話大小聲，限我們幾天之內要拿錢出來，類似這樣的情境，幾乎每天上演，甚至還被告，但爸爸還是拿不出錢，最後只能跑路。

跑路時，爸爸媽媽帶著我的哥哥、妹妹、弟弟躲去高雄，身上應該還有幾十萬，足夠生活一陣子。我是家裡面最後一個走的，希望掩護家人，製造出人還住在裡面的假象，讓外人感覺菁仔批發的店面還開著，事實上後面該搬的都搬光了。

家人走後大約三、四天，一九九八年二月，我跟太太最後撤離。記得那一天，我抱著妻子痛哭，心想，什麼都沒了，這次離開，還有機會回來嗎？

第二章

我的家・我的愛

最甜蜜的負擔

1 想起初相見：我的妻是張雅琴

當年那個只有十八歲的雅琴妹，面貌清麗，一雙纖細的大長腿，立刻吸引了我的目光。後來，她真的成了我一生的牽手。

一九九七年六月，退伍之後不久，就認識了太太，算是一見鍾情，那一年，她才十八歲，就讀高二。

她的名字是張雅琴，沒錯！跟大家熟知的主播同名同姓，但此雅琴非彼雅琴，她是我家的雅琴！

第一次見到雅琴，是在加油站，當時她的家境不是很好，分別在檳榔攤跟加油站打工，我在加油站見到她時，就覺得這個女孩子長得很漂亮，不是艷麗型，是那種清新型的，還有一雙吸引人的大長腿。後來我去批發銷售檳榔，又在檳榔攤遇見她，覺得很有緣分，沒多久就在一起了。

雅琴對我很好，雖然沒什麼錢，可是約會時，還會特地幫我準備麵包，很貼心。我們那年六月相遇，九月她就告訴我懷孕了，當時雖然還年少輕狂，心沒有那麼定，但我覺得自己身為男人，必須要扛起責任，於是決定跟雅琴成為家人，就這樣，她成了我的牽手。

對於一個才二十歲的小伙子來說，因為孩子的到來，倉促成家，其實是完全沒有準備好的。過程中，開始為了家庭生計奔波，放棄了很多年輕人的青春歷程。不諱言，其實也曾想過，如果不是女兒意外的報到，我應該不會這麼早踏入家庭吧？或許會有不一樣的人生也說不定，但既然上天這麼安排了，只能接受。

這些年來，太太無私無悔的付出，我看在眼裡，感動在心裡，她真的是一個很了不起的女人，我對她不僅僅只有無盡的感謝，還有很深的愧疚。覺得自己早年讓她吃了很多苦，因為家裡欠債，讓懷孕的她跟著我跑路，後來又因為女兒出生後的種種問題，以及當時窮困的生活，沒能讓她好好坐月子，還要為女兒的病操煩奔走。但她從無怨言，也努力認真當一個好妻子、好母親，無論我經歷什麼樣的事業起伏，甚至被人倒債後一無所有，她都不離不棄，這樣的老婆，打著燈籠也找不到。

等到事業漸有起色，她又成為能幹的工作夥伴，幫我打理台中的公司，還跟我一起去念EMBA。經過歲月的洗禮，命運的波折，她漸漸從一個小女人，蛻變成氣場強大的堅毅女性。

終於盼到遲來的婚禮

張雅琴

十八歲那年嫁給老公，是奉子成婚，之後又跟著他跑路，根本沒有辦婚禮，這成了心中多年的遺憾。

其實，當時雖然年紀很輕，一得知懷孕，卻沒有想要馬上結婚，反而已經做好大不了自己養小孩的打算。不過很多事，都是註定好的。

孩子未足月，有些破水現象，只好緊急住院。當時醫院希望我先留院觀察三天，再決定是否剖腹。那時有位護士問我：「妳未滿二十歲，也還未婚，孩子將來入戶口問題有想過嗎？」後來才曉得，如果在生小孩前結婚，孩子的父親在戶口名簿上就是「生父」，如果是生產之後才結婚，生父就會變成「養父」。

先生一聽到，眼眶泛淚的跟我說，明明就是親生父親，實在不想在戶口名簿上看到自己變養父，這樣以後會被孩子質疑，心裡也會很難受。當時他殷切希望，能在生產前先辦理結婚手續。

我打電話回娘家，哭著跟父母商量，當時父親跟我說：「妳今天做的任何決定，沒有後悔的機會，如果是錯誤，也必須自己想辦法承擔！」我聽完，考慮了許久，為了孩子，為了先生，決定去辦結婚登記。

我永遠記得，五月六日寫好結婚證書，五月七日，老公前往戶政事務所登記，五月八號，祐慈就出生了！原來孩子也希望爸媽要登記結婚才生下她啊！

一個花樣年華的女孩子，沒有婚禮，卻為了即將出世的孩子，頓時成了現成的新娘，說不遺憾，是騙人的！但打從女兒出世，缺氧的意外，到後來發現心臟有問題，一直到確認罹患罕病高雪氏症，我們一家為了生計，為了醫療，愁苦奔波。婚禮，早就被拋到九霄雲外了！

二○○二年初，先生跟我共同決定，還是補辦婚禮，心裡比較踏實，也能給親戚朋友一個交代。但老公希望我正式出嫁這天，不能失了面子，想在婚禮時，桌上擺出十萬塊聘金。這對於手頭不寬裕的我們來說，簡直是異想天開！老公只好跟當時做香菸批發的老闆，借了十萬塊充場面，這筆錢在婚禮後，依約全數歸還。

終於，我這兩個孩子的媽，可以當真正的新娘了！那二十五桌的婚宴，讓我真真切切的感受到，總算能昭告天下，自己嫁到李家，是名正言順的李太太了！

2 女兒的誕生：曲折驚險中來到人世

爸媽第二次跑路時，太太已經懷孕，我們一度窮到三天都沒吃飯，只好跟朋友借錢勉強果腹。好不容易總算捱到迎接小生命的到來，原本是充滿喜悅的，沒想到一出生就缺氧，加上緊急處置失當，讓才剛出生的女兒只剩下半個肺能呼吸……

太太住到我家的初期，真的是沒過過一天好日子，才進家門沒多久，就遇到我家欠債、第二次跑路，那時候她懷孕五個月，我很擔心她的身體狀況，沒敢跑太遠，於是我們去了台東成功的新港漁港，寄住友人家，那時朋友在放小瑪莉賭博電玩機台，無業的我跟著做，後來被警察掃蕩，我也頓失收入。

當時最慘的狀況，是曾經三天沒吃飯，不得已只好找朋友借了一千元買點麵包、食物，勉強裹腹度日。

有一天，太太突然肚子痛，感覺要早產了，我們才離開成功，回到台東市待產。算起來，整整在外待了大概三個月，才再度回到老家。

回台東市一個禮拜，就產下女兒祐慈，她是一九九八年的五月八日出生，剛好太太的十九歲生日是同年的五月九日，兩人差一天，每年幾乎都是一起慶生，是注定的母女緣分，但孩子出生的歷程，卻是另一場難以承受的風暴。

當時在台東醫院，女兒一出生就呼吸困難，嚴重缺氧。醫院婦產科沒有辦法處理，負責的小兒科醫師又不在，只有一個實習護士，拿著人工加壓氧氣袋，使勁把氧氣灌到小嬰兒的肺部，結果把孩子的肺一邊弄到全毀，另一邊半毀，只剩半個肺可以運作。

後來才知道，原來太太在剖腹的階段是屬於婦產科管，小孩子出生後是新生兒的醫師負責，但醫生不在，沒有及時處理好，真的很遺憾。當下很難過，也曾怨過護士跟醫師，後來包括婦產科跟缺席的小兒科醫師都跟我們道歉，可是造成的傷害已經來不及挽回！我們最後決定不告他們，畢竟已成事實，只能怪命運捉弄。

上天還是給了女兒活下來的機會，後來救護車將狀況危急的她轉送到台東馬偕醫院，遇到她生命中第一個貴人醫生，是位女醫師，女兒被送到醫院時，整個身體都發黑了，她一看就知道氣胸，直接插管，搶時間把小女嬰救活，後來祐慈在加護病房整整住了一個多月才脫險。

也因為缺氧，導致事後祐慈的右半邊，就像中風一樣需要復健，手腳必須穿上輔助器走路，看在眼裡，真的非常非常心疼，一個好好的孩子，就因出生時的缺氧沒有好好及時治療，才遭受那麼多的罪。

女兒取名祐慈，是希望上天護佑她一生慈愛平安，但平安竟是如此不易。

滿月的時候，祐慈看起來似乎痊癒了，醫生卻發現她心臟有些雜音，應是先天性心臟病，由於當時台東醫療資源不是那麼充足，醫師建議我們搭直升機去高雄醫治。那時候因家裡跑路沒錢，太太每天去警察局申請警用直升機，也申請不到。一個禮拜後，警察局居然說：「既然都能撐一個禮拜了，那也不需要直升機了。」

但醫生堅持不讓孩子搭救護車長途跋涉，怕路上顛簸會出問題，如果坐一般飛機，又怕太高，儘管艙壓有調整，還是怕肺部虛弱的她會受不了。後來是當兵時的士官長張德榮，捐助給我們二十萬，租了一台民間直升機，才順利將孩子送到高雄治療。德榮兄告訴我，不需要還錢，只要當我女兒的乾爸爸就好。那時候的二十萬很大，他把手邊的退休金都拿來給我們用，真的很感動，後來我們一家還住進他位於眷村的房子裡，就像家人一樣互相照應，真的很感恩他在患難中伸出援手。

我們到高雄前，回到幾乎一無所有的狀態，當時賣了老婆的機車，拿到九千元，還了之前跟朋友借的一千元，實拿八千元，付掉女兒的醫藥費之後，剩下的錢只夠買兩張火車票，去高雄陪女兒治療。

到了一般孩子能步行的階段，祐慈仍是無法走路的，幾乎都需要人抱，或在地上爬行，復健了好長一段時間，慢慢學會藉由輔具自己行走，應該是兩歲左右的事了。

3 女兒被診斷罹罕病：高雪氏症

我原本以為，女兒出生時的那場意外，已經夠讓我們心痛了，沒想到，最大的磨難，才正要開始！聽都沒聽過的罕病「高雪氏症」找上了她，我們家，再度陷入了愁雲慘霧中……

祐慈快三歲的時候，我們注意到她肚子腫大，摸起來硬硬的。當時我們夫妻倆都太年輕，不太懂得怎麼照顧小孩，只覺得她肚子大大的、四肢小小的，像一個可愛的青蛙娃娃，卻沒想到，這竟隱藏著致命的危機。

我記得是過年前的某一天，祐慈和弟弟仕証坐在一起拍照，突然間喊肚子痛，我們趕往馬偕掛急診，醫師摸了摸女兒肚子，發現肝脾腫大，要求我們馬上住院。後來因為太太有榮眷身分可以節省醫藥費，便轉往高雄榮總，但沒有病床，無法收治，只好回來跟台東馬偕的小兒科醫師求救。他寫了轉診單，病由是肝脾腫大伴隨白血球低下，讓我們轉到花蓮慈濟醫院小兒血液腫瘤科。

到了花蓮，第一次檢查以為是地中海型貧血所造成的肝脾腫大，但為了謹慎起見，醫師要求我們第二次回診抽骨髓，當時那位陳榮隆醫師還滿厲害的，抽骨髓之後，看了抹片報告就說，這是高雪氏症[註]。

確認女兒罹患罕病高雪氏症，是艱苦戰役的開始。還好陳醫師幫了我們很多忙，包括申請罕病補助，以及安排後續慈濟骨髓配對及移植事宜。

我們人體會分解三十幾種微量酵素，她缺少了一種，沒有辦法分解體內的蛋白質，於是就累積在她的肝脾裡面，造成肝脾腫大、容易便祕，甚至引發嚴重併發症。必須要打一種酵素，來維持身體機能。只是一瓶小小的針劑要四萬多塊，依體重增加劑量，一開始打四瓶，就要價十六萬，我們自費一〇%，支付了一萬六千元，在經濟不佳的情況下，仍是一筆不小的支出。

後來陳醫師主動幫我們申請了罕病補助，在了解我們家的經濟狀況之後，他把所有的證明開好，讓我去花蓮的健保局直接遞件申請。原本每隔一年就要複檢一次，陳醫師將病由調整為極重度罕病，因為級別不同，補助差很多，也不用再每年複檢，這才減輕了許多醫藥負擔。

高雪氏症有三型，台灣發病的幾乎都是亞型，症狀是會囤積脂肪球，無法分解脂肪球跟蛋白質；第二型是幼兒型，通常兩歲不到就會發病死亡；第三型是會破壞中樞神經系統。

祐慈有一些神經系統不健全的反應，打酵素對神經型的患者，並沒有很大的成效，根據文獻報告，到最後有可能會發展成像漸凍人一樣逐步退化。我聽了，幾乎飆淚，詢問陳醫師，難道只能這樣一直打針？有沒有更直接的治療方法？

陳榮隆醫師告訴我，以文獻來看，骨髓移植是最後的治療方法，當時全台僅有十三個病例，並沒有人進行骨髓移植。

我到後來才知道，骨髓移植沒有所謂的成功，必須要在捐贈者骨髓跟自體免疫系統間取得平衡，並不是捐贈者的骨髓長得很好，或是受贈者長得很好就沒問題。因此骨髓移植之後要終生複檢，定期抽血檢驗，若發現血液產生變化，就要打免疫抗體。跟兩周打一次酵素相比，這是一個抉擇，其中最重要的考量就是，做移植後續的複檢費用由健保給付，我們完全不用支付。另一個考量就是，我們並不知道長期打酵素是不是對她真的可以發揮功效。

針對骨髓移植，我們沒有考慮太久，因為這是能救祐慈的唯一方法，陳醫師跟我談到這個方案時，我就說：「好，幫我排！」慈濟有一個骨髓資料庫，半年後配對成功，原本第一位捐贈者，所有檢查都完成了，因為家人反對，臨時換成第二順位捐贈者進行，使得原本訂好的移植時間，整整延遲了將近一個月。

捐贈前一周，祐慈必須住院，進行一個禮拜的殲滅療法，類似化療，但劑量是一般化療的四到五倍，真的是天大的折磨，最讓人心痛的是，化療第四天，她整個嘴巴都破掉，吞嚥困難，但還是堅持自己進食。而腸道因為破損，上廁所都是血尿及血便，看得我心都碎了！恨不得自己能代替她受苦。

第五天凌晨，護士來病房換點滴時，輕聲的對女兒說「妹妹，如果真的受不了，我請醫生來幫妳打營養針好不好？」躺在陪病床上的太太看著女兒，聽著她有氣無力卻很堅定的對護士說：「不要！我要自己吃東西，因為醫生說，自己吃東西才容易吸收，才會好得快，我要活下去，我不想爸爸擔心，不想要媽媽哭，我還答應爺爺要健康出院，因為爺爺說，只要我乖乖的，他就像以前一樣開車帶我到處玩！」說完又對護士笑了一下，才閉上眼睛靜靜地睡去。

最後，在慈濟醫院及基金會的協助下，負擔了所有費用，祐慈總算完成了骨髓移植。但我的心情卻很複雜，有時也會陷入低潮，常常會想，都是我這個爸爸沒錢好好醫治女兒，才讓她受這麼多苦，要是沒有慈濟該怎麼辦？

對孩子跟我們全家來說，骨髓移植只是開端，故事依然帶著不確定的起伏篇章往前繼續走……

註：

高雪氏症（Gaucher's disesase）是一種罕見的遺傳疾病，由沒有症狀但帶有隱性基因的雙親遺傳而來，致病原因是由於體內葡萄糖腦苷脂酶失去活性，導致醣脂類大分子的新陳代謝無法順利進行，囤積在患者骨髓細胞及神經系統，其明顯的病徵如下：

1. 患者食慾減退、肚子膨脹、肝脾腫大。
2. 運動協調功能失靈、四肢瘦小，骨骼變形、容易骨折

目前高雪氏症的治療，除骨髓移植外，僅第一型患者可以使用「酵素取代療法」，利用基因工程合成出來的葡萄糖腦苷脂酶（Cerezyme）來治療，目前藥物已列為衛生署公告罕見疾病藥物，並獲得健保給付；第二、三型尚無有效療法。

4 祐慈總是堅強的跨越每一道生命關卡

喜歡畫畫的祐慈，在一次又一次的辛苦就醫過程中，堅強的把自己在醫院的場景，一筆一筆畫下來，看在我們大人的眼中，既心疼又自責……

祐慈的堅強，常常讓我這個爸爸感到既愧疚又汗顏，愧於從出生就沒能讓她健康來到人世間，汗顏的是，有時候她竟比我們大人還要堅韌的面對身體的病痛以及與眾不同。

女兒是一個很貼心的孩子，遇到病痛她從不曾哭鬧過，從三歲發病開始，一系列抽血、檢查、侵入性治療，她都不曾抗拒，反而會在療程結束後，還帶著笑容對醫護人員說聲「謝謝您」。

女兒上學時，我堅持讓她讀一般班，希望她能過正常孩子的生活，但與生俱來的身體異樣，卻讓她常常被同學嘲笑是怪物，因此造成了自卑跟少話的性格。

骨髓移植後，祐慈在家休養了兩年，我請家教來為她延續課業。在學習之餘，每逢我跟太太的生日或節日，她總是很貼心的親手製作卡片，寫著溫暖的話語，膚慰著我們。僅僅是一句：「謝謝爸爸，你辛苦了！」也足以讓我紅了眼眶，帶著微笑，繼續為醫治她而努力前進。

儘管命運如此艱辛，她還是盡量保持樂觀，常常藉由畫畫跟唱歌來抒發心情，尤其是頻繁跑醫院治療時，她會將自己在醫院的場景，一筆一筆畫下來，完全不避諱或排斥看醫生，但每次看到她的畫，總讓我心疼又內疚，覺得自己沒有照顧好她，讓小小年紀的她，就得如此堅毅的面對病痛的折磨。

面對這樣一個總是用堅強包裹著脆弱的孩子，我們總是想方設法每天逗她笑，我記得她兩歲的時候，老婆帶她去燙了一個爆炸頭，幫她取了「爆炸頭」的外號。長大之後，也會常常誇她可愛、漂亮，讓她開心。

原本以為骨髓移植之後，祐慈的一切都會漸入佳境，沒想到，移植會造成骨質流失，加上高雪氏症也會造成骨密度不足，加上她同時又是腦麻的孩子，整個右半部肌力高漲，身體支撐不了，嚴重傾斜，造成脊椎側彎。

當祐慈邁入成長期，也因骨密度不夠，身形比同齡孩子來得瘦小，脊椎整個呈現S型，往右傾斜，壓迫到內臟，看在父母眼中，真的寧可那重量是壓在自己身上。不忍女兒身體的苦楚，我們開始考慮要讓她做脊椎矯正，二〇一一年八月，祐慈再度進到了手術房開刀。

在高醫開刀後，因為骨質疏鬆，扒不住骨釘，整個身體前傾，鋼釘一直戳破皮膚，導致不斷感染發炎，前前後後進行了九次手術，實在太辛苦了！後來我們轉往榮總，將鋼釘拔除，拆除支架後，為了矯正並拉開脖子，讓傾斜回正，她的左肩放了沉重的沙包，幾乎是她體重的一半，真的很想代替她承受。在二〇一一年十一月，進行了另一種手術，名為「天使之翼」，衷心希望女兒能如天使般行動自如，微笑面對人生。

5 難以承受之痛：女兒的離去

我與神明劃押
與閻王交心
等待妳輪迴轉世
哪怕我兩鬢雙白
散盡家財
也要給妳一個擁抱

——寫於二〇二二年一月十三日

那是一個如常的日子，在「天使之翼」手術之後一直住院的祐慈，恢復狀況良好。那天早上醫生跟她說：「儀器都拔掉了，妹妹妳要下來練習走路，叔叔要去美國，會在下禮拜過年前回來，妳如果走路表現好的話，下周就讓妳回台東過年。」

那天晚上九點多，我跟她像平常一樣在電話裡聊天，熱絡聊著她回台東想做些什麼？還為她打氣，希望能趕快好起來，才能回來跟大家一起過年。

跟我通完電話之後，半夜兩點，祐慈還在跟醫院裡照顧她的媽媽聊天，後來我太太跟她說：「很晚了，該睡了。」

一月十三日凌晨三點多，祐慈走了，沒有任何的徵兆。當時太太已經入睡，醒來發現，女兒已無氣息。

回想那個夜晚，其實我睡得並不安穩，平常我幾乎是一覺到天明，很少半夜爬起來，但那天卻很反常。半夜三點多的時候，我隱約聽到好像是女兒的聲音，叫我「爸爸」、「爸爸」，我才驚醒，看看四周，並無異樣，準備下樓上廁所，突然之間，手機在房間響了，我想這個時間應該只有老婆大人會打來，當時因為尿急，想說等等再回撥。結果一走出洗手間，家裡電話響了，心中突然一震，電話一接起來，只聽到那一頭太太一直哭，說女兒走了。這時我才猛然驚覺，剛剛半夢半醒間所聽到女兒的聲聲呼喚，竟是訣別。

當下，感覺很不真實，很希望只是夢境，整個人像是被掏空了一般，呆坐許久，忘了時間，也忘了哭泣。但現實卻讓我不得不接受這突如其來的殘酷打擊。除了悲傷、不捨，還有更多是對女兒的愧疚與歉意。

由於環境因素，當時跑路、奔波、搬家，可能都是造成她早產的原因，後來又因為生產時的意外，加上罹患高雪氏症，不斷進出醫院。由於她手腳也不方便，上學時甚至被嘲笑。正因為如此，我一直想要更努力賺錢，希望賺的錢都留給她，卻因此沒能多陪陪她。當她驟然離去，突然覺得，自己做那麼多，到底是為了什麼？人已經不在了，再做什麼也沒有實質意義了！

祐慈走後，我如同行屍走肉，整整有半年的時間沒有進公司上班，每天就呆坐在家裏面，那時候我開的金紙店裡面有個客廳，整天就是發呆、看魚缸，從早看到晚，整個人像是被掏空一樣，了無生機。

女兒剛離世時，骨灰罈放在家中，就在隔著店面和客廳的木屏風後面，放了一個多月，捨不得她走。我每天日夜坐在旁邊的沙發陪著她，因為之前答應要帶她回來過年，所以堅持讓她留在家裡一陣子，想到她那麼小，實在不忍她孤伶伶地待在殯儀館。

那幾天，我們不約而同夢到了她。我夢到她將人生的功課交付與我；太太夢到祐慈安慰她，要她放下；兒子則是夢到逝去的堂哥，坐在靈桌上吃糖果，腳踏車丟旁邊，姊姊則在一旁玩遙控氣球。夢裡的她，一如我們希望的，快樂健康。

我們始終相信，祐慈很戀家，常常會回來看我們，她離開後，也確實發生過好幾次神奇的事。當時，我們沒有告知太多人女兒離去的事，那時她的骨灰罐還在家裡，有一天，一位專門幫人家祭改的阿伯，來店裡買金紙，隔著屏風往內探頭看了一下說：「你女兒在裡面看電視耶！」當下聽到雖然難以置信，卻也欣慰孩子回來看我們了！

還有一次，我帶太太出外散心，抒解喪女之痛，大約晚上八點左右回到金紙店，路上遇到住在附近的阿公、阿嬤，大概有三個人不約而同地跟我們說：「你們跑去哪裡了？整個下午都不在，放你女兒一個人顧店！」我跟太太聽到之後很激動，還回問對方：「你確定是我女兒嗎？大約多高？」阿伯大約比了一下，真的就是祐慈的身高，還說女兒有告訴他：「我爸媽都不在，你晚一點再來買金紙。」這是我無法用常理解釋的事，但我想，女兒應該也是捨不得我們，想一直陪在家人身邊，才會頻頻回到家中。

媽媽與祐慈的約定

張雅琴

在醫院的那一夜，我陪在祐慈身邊，怎麼也沒想到，那竟是她的最後一夜。

當時很晚了，她還一直跟我說著話，突然間還跟我說：「媽媽，我很對不起妳」，她覺得我把所有時間和精力都放在她身上，忽略了自己，也放下了很多事，她希望這次手術能成功，這樣我就不用再為了她四處求醫，能快樂一點，不要常常為了她躲起來哭。她還跟我約定好，一輩子都會在我身邊，等她身體好了，要好好孝順我，希望我不要擔心。

母女倆談心之後，我靜靜看著祐慈入睡，有感而發的在臉書寫下這一段話：「所有的努力，只希望妳一切平安，在這世上，妳是最勇敢的寶貝，一次又一次的靠自己的努力撐了過來，孩子，我們約定好的，我們要一起努力，一起走完這輩子，沒人可以帶走妳，媽媽也會一輩子陪著妳。」

才發完這篇文，我入睡不久，就發現祐慈已無氣息。當時腦中一片空白，一度以為只是夢境。說好的一輩子呢？我泣不成聲。

早上不是還聽到醫生說，可以出院回家過年的嗎？怎麼就這樣走了？我真的很想知道祐慈為何會辭世。當時醫院的回覆是，因為所有的指數都顯示正常，需要解剖才能知道真正死因。我不忍孩子走後還要被千刀萬剮，放棄解剖查死因。後來想想，或許祐慈未必希望我們追根究底。她的離開，也許不是因為高雪氏症，也不是因為手術問題。但無論如何，她的形體已不在，但她的一切，會永遠留存在我心中。

我始終相信，祐慈不曾離開過，只是用另一種形式陪在我身邊，我相信她會遵守約定，一輩子陪伴我。我隨身總會帶著一張祐慈脊椎手術前的全家福，還有一張她寫給我的聖誕卡片，上面寫著：「媽媽，謝謝妳生了我，祝您健康快樂，媽媽我愛妳，聖誕快樂！」剛開始，這張卡片，我每看一次就哭一次，如今，我已能帶著微笑，帶著祐慈的愛，努力往前走。

我想，我可以慢慢不再悲傷，但這一生，註定無法放下她。我想跟祐慈說：「媽媽會好好的活下去，完成我們走一輩子的約定！」

6 女兒入夢，自己挑選長眠地

夢中，祐慈給了我兩組數字，我一頭霧水，不知所以然，後來才知道，祂不想讓我們為祂的安息地太傷神，貼心的為自己挑選好想要的塔位……

頭七那天，我夢到了祐慈，祂跟我說：「爸爸，我知道你為我花了很多錢，生前是這樣，身後事也是，我給你一組號碼，你去看就知道了。」我一看是〇八、一九一，和〇八、一九二，還有個箭頭，然後就醒了。

我用硬幣擲筊，問祂：「昨天是不是有回來？」一擲，確定。再擲，又確定。第三次又是允筊。

我再問：「祢昨天夢裡給爸爸的數字，是有什麼事要跟我講嗎？」一擲，又確定。

「是六合彩的號碼嗎？」不是。

「樂透的號碼嗎？」也不是。

我說：「那考倒我了！」我再問：「那是不是祢想要去找這個位置住在那邊，希望爸爸去幫祢找？」結果三次擲筊都確定，真的是如此！

不知道找了多少地方，都未能如願，但冥冥之中，彷彿有股力量牽引著我們去到初鹿的朝安堂。當時一路走上四樓，寫著五甲，我想到祐慈以前是五年甲班，然後映入眼簾的就是〇八—一九一、〇八—一九二！

結果太太走到〇八—一九六，跪在那邊哭，說這才是女兒自己選的。因為我們金紙店的家是寶桑路一九六號，所以我擲筊問：「是不是這幾個位子中，爸爸幫妳選一九六，就是回到家？」擲三筊確定。

儘管說來很玄，但我們真真實實地感受到，祐慈的安息地，就是祂自己選的。女兒的塔位，我跟太太擺滿了祂生前喜歡的東西，最重要的是，還放了一張我的名片，最主要用意是希望，如果祐慈在那邊被欺負，亮出老爸的名片，就沒人敢對祂怎麼樣了！

之後再度夢到女兒，是祂坐著勞斯萊斯回來，開了車門，對著我笑，我對祂說：「要不要給爸爸抱一下？」夢裡的祂，是如此真實，感覺彷彿不曾離開過。夢中抱著祐慈的時候還在想：「祢背上的傷好了嗎？」才忽然驚覺，女兒不是走了嗎？頓時醒來，我深信如夢所示，祂在那邊過得很好。

女兒的葬禮，我給祂最好的，骨灰罈是上好的碧玉，要價一百多萬，從早到晚都安排了誦經，燒給她的庫錢，在彼岸的價值是五百億，在人間差不多等值新台幣五十萬。

為什麼要燒那麼多金紙？因為我們本身是賣金紙的，曾經有聽人家講過，像是去算命，可能會聽到說你上輩子有「帶財來」。那財又是哪裡來的？

人在走的時候，會有「冤親債主」，比方說我今天打了你一下，下輩子你會回打我一下；或這輩子，你對我造了一個口業，我下輩子就是罵你一個口業回來。

那要怎麼去消除這些冤親債主呢？

其實往生的時候，可以帶上很多庫錢，我這輩子打了你，或是罵了你，就賠給你多少錢。便可以把欠這些冤親債主的一切全數還完，剩下的則是帶去轉世用，這就是我們說的「帶財來」。

所以常常聽到人說：「你好命，你上輩子有帶財來，做什麼都會賺錢」就是這個意思。

我對這個會比較信，除了是從事葬儀業，還有個小故事。大約在女兒走後一年，我在高雄遇到一個算命的，就請他看一下祐慈在另一個世界過得怎麼樣？

他說：「你女兒是來報恩的，沒有想到祂走之後，你還燒了那麼多錢給祂，你是燒了多少錢，可以跟我講嗎？」我說，庫錢五百億（新台幣五十萬）。他聽了很驚訝，但也同時告訴我，祂在那邊很好，你不用掛心。

每年一月十三日，我和妻子雅琴，以及兒子仕証，都會回到朝安堂去看祐慈，陪祂聊聊天、話家常，彷彿祂不曾離去。

但女兒逝去的事實，無法改變，喪女之痛，也不曾因為時間的流轉而有所遞減。我能做的，只有將悲傷化為動力，帶著女兒的願力，繼續堅強的前進。

7 子孫們帶來的新生力量

女兒走後，我曾經跟太太努力想要再生回女兒，始終未能如願。但值得欣慰的是，第三代小孫子出世了！而且媳婦懷孕前，太太還夢到女兒祐慈牽了一個小男孩來，要我們好好照顧他……

除了女兒之外，其實還有一個可愛的兒子仕証，寫這本書時，他已經結婚生子了，為李家增添了新生命，也為全家帶來了新希望！

或許為了彌補對女兒的虧欠，我們打從娘胎就想把兒子養得白白胖胖的！剛出生時，仕証三千三百多公克。當時我們夫妻倆都不太會帶小孩，只要他哭，就泡牛奶給他喝，大概長到四個月的時候，這小子的體重已經超過了十公斤，幾乎成了巨嬰。

有一天兒子腸胃炎去看病，醫生看到他嚇了一跳，嚴詞告誡我們，這小孩不能再餵太多了，不然身體會出問題！於是我們才認真開始幫他節食。

仕証遺傳了我喜歡動物的天性，國小的時候，買了一隻迷你豬放在後院養，都是阿祖幫忙照顧，因為他平時要上學，所以也常常會問：「阿祖，有沒有幫我顧豬？」讓我聽了啼笑皆非。結果太太知道後很生氣，要揍他時，阿祖還幫腔，「那個豬沒什麼啦！後面還藏了一條蛇啦！」當下是又好氣，又好笑！

兒子的角色，既是弟弟，也像哥哥，因為從小就幫忙照顧生病的姊姊，也一直是個懂事貼心的孩子。姊姊祐慈過世時，他在我們面前完全沒掉一滴眼淚，就怕我們看了會更傷心。真正掉淚，是祐慈要送去火葬場時，因為白髮人不送黑髮人，我跟太太都沒去，仕証一個人去送姊姊，棺木推進去時，他才崩潰大哭，撕心裂肺，把所有壓抑的悲痛，在那一刻全部宣洩出來。

在我看來，仕証就是個暖男，而且對長輩很孝順。他每到假日，包包背著，就代替忙碌的我，去台東陪伴阿公、阿嬤，也就是他的阿祖。甚至想要把阿祖一直在顧的廟「救世殿」傳承下來。這跟他從小就在廟裡成長，有著密不可分的關係。

小時候，兒子曾經抱著廟裡的神明像回房間玩，真的很可愛，也讓我感到很驚奇，小小年紀就這麼喜歡神明。印象中，小時候買遙控汽車、玩具飛機給他，大概玩個五分鐘就放一邊了。反而是常常拿家裡金紙店的紙箱，剪成神轎、神童，以及廟會車輛的樣子，但是常常因為這樣荒廢學業，我就氣到把整批剪好的紙板拿去丟掉。

仕証對廟的投入與情感超乎我的想像，國小三年級就開始跳八家將，每年還會去參加陣頭，但僅限一般廟會慶典，不會涉入非法活動。一直到長大，他始終對廟和神明情有獨鍾，臉書上的貼文，也幾乎都是和神明有關。

在神明眷顧下長大的孩子，不僅不會變壞，還特別善良。但我們夫妻倆對孩子的期許，不只要他心善，還要會讀書，以後才能有自己的一片天。不過，兒子的成績普普，我們並不想給他太大壓力。

雖然仕証是我唯一的兒子，但沒有一定要他接班，這多少跟女兒的離去有關，女兒的走對我的衝擊太大，也讓我改變了很多想法，主要還是希望孩子能走他喜歡的路。

當下我所做的一切，以後確定都是要留給兒子，但不一定要留實體的事業給他。這樣說好了！當初我的興趣並不是做葬儀百貨，而是為了賺錢，當我賺夠了錢，其實並不希望兒子再踏入這個行業，畢竟業界挺複雜的，我希望他能單純一點，做自己有興趣的事，我甚至可以把事業變賣後的財產都給他，支持他想做的事，只希望他過自己想要的人生。

到目前為止，仕証還沒有很明確的方向，如果他真的對葬儀百貨有興趣，我才讓他接手做，但不希望他像我一樣，總在各縣市間辛勞奔波。因此，我很希望公司企業化，由專業經理人管理，我們以後負責看帳就好，主要希望兒子不要辛苦參與管理，只要分紅就好。

應該是來自補償心態吧！無論是生活，還是未來，我一直希望給孩子最好的。記憶中，小時候家裡大部分的時間都很窮，那時候家境比較優渥的叔叔及堂兄弟，他們的玩具完全不讓我碰，只能在旁邊癡癡的看，對一個孩子來說，那是很辛酸的。

所以，凡是孩子想要的，我都會盡其所能的滿足他們，不想讓下一代經歷我兒時的不堪。不管有沒有錢，我可以自己苦一點，但就是不能苦了孩子。比方說，即使在經濟不是太好的時候，一台電動玩具要價三千塊，我一定會買兩個，女兒、兒子各一個，公平、不會打架。

女兒走後，我們傷痛沒有因為時間沖淡，反而思念日俱增。貼心的兒子，很爭氣的，讓我早早當了阿公，孫子陸續出生，長孫周三生，外號叫「禮拜三」（因為姓李，取諧音）；第二個孫子周日出生，小名「禮拜天」，對一個還未半百的阿公來說，真的很歡喜。

關於孫子，我們相信，是女兒祐慈帶來的。

有一天，太太夢到祐慈牽了一個小男孩，跟她說：「媽媽，妳要好好照顧這個弟弟，跟照顧我一樣喔！」在那之後，兒子就告訴我她女友可能懷孕了，後來結了婚，果然生下了一個孫子。

曾經，我跟太太都很想把祐慈生回來，希望她能重新投胎來到我們身邊，雖然至今未能如願，但我們覺得，說不定孫子就是祂的轉世。因為女兒是左撇子，長孫禮拜三也是。

有了孫子們的陪伴，我的人生變得更有活力，當我為了拓展事業，舉家搬到台中之後，不論當天人在哪裡奔波，就算在台東，也想衝回台中抱抱他們，因為孫子們天真無邪的童顏，就是我希望和快樂的泉源。

第三章

峰迴路轉的職涯

上天給的燒腦習題

1 攤商人生

一無所有的我們，為了治女兒的病，搬到高雄，初期幾乎沒有謀生機會，餓到發昏的慘況，幾乎每天上演，甚至連奶粉都買不起，只能撿酒瓶去賣，勉強讓一家人不會餓死……

為了治療女兒的心臟病，我們舉家遷往高雄，首當其衝的就是，該靠什麼維生？因為我只有高職學歷，又人生地不熟，一直找不到工作，好不容易有了工作機會又被排擠，一度非常氣餒，那時後有跟太太商量要去跑船，但為了照顧女兒，我決定留下。

當時，餓到發昏的慘況，幾乎每天上演，曾經靠著撿酒瓶去換三餐，甚至一度窮到沒錢買奶粉。大人可以餓，孩子餓不得，靠著冰箱中太太存放的奶水解凍，女兒才有奶可喝。跟後來認真對中統一發票兩百元，好不容易，才湊足了錢，剛好夠買一小罐奶粉。

那段時間，我幾近絕望，沒錢如同地獄深淵，有些親戚甚至好心建議，叫我放棄女兒，但天下父母心，怎麼忍心拋下親生骨肉呢？

實在走投無路，我只好求助貴人士官長張德榮，他豪爽的借了我一台小貨車，看看我能不能做點小生意維持生計。

有貨車後，我試著去應徵賣衣服的工作，老闆提供場所、衣服，我們負責提供車子跟人，賣的錢扣掉菜市場租攤費用和衣服本錢，就是淨賺金額。白天在菜市場，傍晚到黃昏市場，主要賣童裝維生。

市場攤位很貴，大概一個早上租金就要三千到五千元，必須要賣超過攤位的錢，賺的才是自己的。假設我今天賣一百塊，扣掉老闆要拿回的成本，大概賺個十五塊而已，有時候七扣八扣，甚至還賺不到錢。如果平穩的話，一個月大概賺三到五萬，但要養活一家子人，真的很勉強。

擺攤賣衣的工時很長，一天擺兩場，早上五點多就要起床，有時候還要跑到比較遠的地方，像是台南或新營，從我居住的左營到新營，開車要一、兩個小時才能到，為了謀生，就得更早出門。

白天菜市場做到中午休息，就要緊鑼密鼓開始準備下一攤，其實我們能喘息的時間不多，一收攤就要趕到黃昏市場，下午三點開始賣到晚上六、七點左右，收好攤，回家也挺晚了。那時候，幾乎全家出動，連小孩也帶著去，後來跑路的父母親回到台東，小朋友才送回老家，托他們照顧。

但父母不是免費幫我帶小孩，有一次母親跟我說：「你領薪水的時候，匯一萬五過來，不然小孩子明天可能就沒有牛奶可以喝！」一聽到孩子可能沒奶喝，我們硬著頭皮也要想辦法匯錢。可是一個月才賺三萬，就要給她一萬五，生活根本不夠用。多虧了德榮兄，房租幫我們出，很多東西也幫我們買，讓我們得以維持基本生活。

一九九九年八月，女兒八個月大，我和太太終於能回到台東跟她團聚。那時回去的理由是，太太說要完成高中的學業，不想心中有遺憾。再次遷徙回到出生地，又是一次意想不到的嚴峻考驗等待著我們。

2 人生再次低潮：倒會風暴

有時候我在想，莫非天要絕我？每天那麼辛苦早出晚歸的擺攤，賺取微薄的生活費，還要被人家倒會，那時候兒子才剛出生，難道要我去撞牆嗎？

回台東之前，高雄的老闆要送我一台小貨車，還有一整車的衣服，跟我說賣了之後所賺的錢可以全數歸我，不需要返還成本，對我真的很好。可是我想了一下，最後車跟貨都沒有拿，只因不想欠人情。

回到台東，因為有貴人朋友幫忙，工作有了著落。巧的是，又是攤商人生。朋友借我小發財車，有一天，我去菜市場看到高中同學在賣五金，就跟他借了一些貨來賣，想辦法借場地擺攤，一樣在菜市場跟夜市，一直擺到兒子出生。

生活作息跟高雄時期差不多，早上五點多起床賣到中午，然後下一攤夜市是大概四點半、五點，賣到晚上十一點多收攤，比之前的黃昏市場更晚了，基本上回到家差不多都十二點了，能夠陪孩子的時間更少。

在台東，很多場地都是有人管理的，雖然沒有權狀，可是私底下買賣是有錢拿的。租借攤位時，認識了一個夜市管委會負責人，他借我一個四維路的攤位，大概一台車子的大小，希望我一個月能跟他一萬塊的會，我因為急需攤位就答應了，卻沒想到後續發展竟讓我難以招架。

跟了會，我跟太太商量，一起努力存錢，等到第二胎出生時，就可以有一筆錢讓她好好做坐月子，因為第一胎根本沒能好好幫她養身體，當時女兒在加護病房，加上爸媽跑路，沒有人幫我們煮月子餐，太太跟著我東奔西跑，有一頓沒一頓的，身體沒能顧好，我希望她第二胎可以好好調養。

在台東擺攤賣五金、髮飾，一個月普通的話可以賺三萬，好一點就五萬，全家住在救世殿旁邊的倉庫，不用付租金，但真的空間太擁擠！房間三坪不到，沒有電視，也沒有什麼家具，就只有一張床，睡不下一家人，所以我都睡地下，太太跟孩子睡在床上。

每天早出晚歸，睡眠不足，還要在不同的夜市跑攤，為了妻小，只能拚了！小貨車就成了移動辦公室，我記得周一在太麻里、周二鹿野、周三關山、周四池上、周五知本、周六在太平，周日在四維路夜市，從禮拜一忙到禮拜天，幾乎是全年無休。

那段日子，太太幫了很多忙，我在市區擺攤的時候，因為小偷猖狂，她會來幫忙顧攤，比較辛苦的是，她那時候剛懷第二胎，肚子裡一個、手上推著一個（女兒），跟著我到夜市忙生意，兩夫妻為了生活一起打拚，再苦她都沒有怨言。

我真的很感謝她這一路走來，無論如何起伏曲折，始終深情相隨。

二〇〇〇年七月，兒子出生，原本該是舉家歡欣的時刻，卻因為被倒會，全家再次陷入黑暗中。那正是最需要用錢的時候，孩子需要奶粉錢、尿布錢，而原本答應太太要好好幫她坐月子的，瞬間沒了著落。

倒會的就是那個當初要我跟會的攤主，每個月擺攤薪水他幫我存一萬，又另外跟會一萬，原本說好小孩出生就要全數歸還，結果孩子一出世就倒會，損失大約十五萬，想到每個月賺那微薄的血汗錢，居然還遇到這種事，真的氣憤到全身發抖！

當時我跟他講：「如果你沒有還我錢，我們都要一起死啦！」儘管他後來陸陸續續勉強還了我幾萬塊，卻還是難以解決家中的困境。

這是我人生中再次的低潮重擊，我心想，辛辛苦苦、早出晚歸，爆肝少眠，就賺這麼點錢，只圖一家溫飽，還要被倒會，真的是做辛酸的！我一氣之下，就跟太太說：「我不想再工作了！」

3 與道上大哥相遇

在賭場工作時，這位道上大哥對我很好，一天最多可以賺五千，比擺攤好太多了！可惜的是，才認識老大沒多久，他就被關了……

對世界、對人性感到極度絕望的我，一想到走正途這麼努力，沒有得到應有的回報，還因為倒會變得一無所有，幾乎失去了打拚的動力。這除了是生計，還有尊嚴問題，一個大男人，如此拚命工作，居然還沒辦法養活一家人，也沒有一個未來，難道天要絕我之路？

可是小孩才剛出生，自己才高中畢業，又沒有一技之長，該怎麼辦呢？於是抗拒了工作兩個月，在墮落的日子中，我跑去跟一個老大混，決定做「兄弟」了！

老大是開賭場的，我每天去幫忙記誰欠多少錢，還有跑腿買香菸、檳榔……等，說白了就是小弟兼記帳，這樣老大一天付我五千塊。只不過是大夜班，晚八早七，晚上無法在家陪妻兒，很是掛心。

領錢的時間也不太固定，有時日領，也有周領。如果實在缺錢，跟老大說一聲，孩子奶粉錢不夠了，他就會給我一些救急金，算是對我滿照顧的。

我跟了老大才一年吧！他就因為販賣安非他命被抓去關了。再度走投無路的我，慢慢調整好心態，決定再去找「正當」工作來養家。

4 很會賣菸的那段日子

我覺得自己應該是天生吃業務這行飯的，剛做香菸銷售兩個月，業績就衝第一……

之前幫家裡賣檳榔賺了很多錢，我想應該可以找相關的行業，重起爐灶。想了又想，決定去檳榔攤銷售香菸，因為以往跟店家打過交道，有些基礎，比較好上手，心想，或許這會是我翻身的機會。

我照著菸酒批發商給的客戶資料，出去跑業務，上班的第二個月，業績就衝上第一名。

業績怎麼算的呢？它有一個鋪貨點數，假設業務範圍內的超商裡，M香菸鋪貨率要一〇〇%，只要少一間沒有賣M香菸，銷售就不合格，只要達到，每個月公司就會撥一萬二千元的獎金給我，公司隨時會檢查，如果查到沒有達標的話，獎金就歸零。

另外一個叫銷售獎金，假設一條菸可以賺五塊，一百條就是五百塊，以此類推。當時每個月平均收入大約四萬左右，沒有像以前跑夜市擺攤那麼累了，工作也比較固定。

我從小業務一路做到菸酒批發的主任，每天下班差不多也要到晚上將近十點。那時候太太經常要帶女兒去醫院，我就開著小貨車接兒子放學，到我工作的地方寫功課，因為辦公室旁的福利社沒賣什麼東西，所以父子倆的晚餐就常常以泡麵果腹。

香菸大約從二〇〇一年賣到二〇〇四年八月，女兒要做骨髓移植才離開，那時毅然決然離職，除了想全心陪伴女兒，其實也是覺得沒有賺足夠的錢，給女兒最好的照顧，甚至連她的醫藥費都負擔不起，感覺自己是很失敗的父親，那是再一次人生的低潮。一心想著，要找更賺錢的工作，改善家人生活。

我大約在農曆春節後，就跟老闆提離職，但他希望我做到元宵節之後，還說要拿五十萬給我，希望我做一般生意或是回到檳榔本行，不要從事跟他相關的行業，避免惡性競爭，最後，我沒拿那筆錢，改行去了！

5 遊藝場人生

開遊藝場之後，是婚後真正嘗到賺錢滋味的日子，月入四十萬，是以前擺攤的十倍，可是我開始在意起別人的眼光和孩子的身心發展……

賣香菸那段日子，遊走各種場所，當時有些朋友在檳榔攤放小瑪莉機台，聽到我辭職，就約我做遊藝場生意。我沒有考慮太久，只因收入較高，可以賺更多錢，改善家人生活，尤其是給女兒祐慈更好的醫療照護。

剛開始做時，說穿了，就是做賭博電玩。當時一個機台大概一萬多塊，只要有人去玩，營收就跟店家對半拆，一個月總收入大約有二十萬，做了兩年左右，警察開始嚴格取締，不過在那之前，我就已經投資了四個店面，並轉型成合法的遊藝場，當然，就不能再放小瑪莉等非法電玩了，即便如此，四家店的營收，一個月還是至少可以賺到四十萬。

遊藝場工作讓家裡經濟開始逐漸好轉，終於可以擺脫過去的苦日子，吃喝用度也比較捨得，還買了最新型的休旅車，後座可以看電視，當時算是很好的配備，有空時就帶全家出去玩，每年規劃個幾天旅行，幾乎全台灣走透透，對當時的我來說，算是從小到大，最優渥的一段日子。

但這畢竟不是一般世人所認為的「正當職業」，做起來沒有那麼踏實。印象很深刻的是，看到國小二年級兒子的聯絡簿，寫的是「爸爸的職業是『開台子』，媽媽的職業是『金紙店』。」

結果老師就問：「爸爸是開什麼台子？」兒子回覆說：「開台子間啊！」這對我衝擊頗大，那時候就想，是不是該有個「正途」，對孩子的發展會比較好。

6 遇水則發的金香鋪誕生

金香鋪，應該是事業的重要起點，當時因為沒什麼錢，只能租到一間到處漏水的房子當店面……

二〇〇三年，我在台東市寶桑路開了間金香鋪，取名為「大慶」。因為沒錢請專人取店名，就自己起了一個聽起來吉利又響亮的名字，沒想到，「大慶」這兩個字，居然成了我日後事業版圖的基石。

從事香菸業務時的老闆，是我事業基礎的的貴人，當時借給我二十萬，讓我得以順利開了金香鋪，加上補辦婚禮時借我十萬，等於是助我成家立業的最大推手。

金香鋪開幕是在農曆七月一日，鬼門開。說起來也不是膽子大不大的問題，只因為沒錢請人看日子，那既然店面租了，就開吧！

至於為什麼會想到開金香鋪呢？一來因為從小在廟旁長大，對於金紙感覺很親切，雖然不能賺什麼大錢，總歸也是個規規矩矩的小生意。再者也剛好有機會接觸到金紙銷售的管道，就想做做看。最主要原因，還是為了孩子。

開店的時候，女兒五歲、兒子三歲，孩子漸漸長大，我跟太太不想讓她們繼續住在廟旁的邊間倉庫，一來因為居住的環境狹小，三坪不到的空間，擠了一家四口，實在不是孩子成長的理想居所；另一個原因是，廟裡人來人往，出入活動的人比較複雜，我想讓孩子在單純的環境長大，所以才想另覓住所，順便開店。

當時店鋪月租金八千塊，一樓是店面，二樓是我們一家子的房間，比救世殿旁邊的倉庫稍微大一點，但也沒有大多少就是了！至少全家整體活動空間變大了，太太也可以邊看店，邊顧小孩，一個月平均可以有一、兩萬的收入，不無小補。加上我當時在外工作的收入，生活漸趨穩定。

以前金香舖有一片屏風，屏風的前方是店面，後面就是客廳，旁邊小小的樓梯走上二樓，類似小閣樓的地方就是我們的臥房，雖然上下窄小的樓梯有點危險，但唯一的好處是，臥房是整間房子唯一不會漏水的地方，現在這個房間，已經變成放置禮儀用品的倉庫。

金香舖的位置不錯，就在大馬路邊，最大的缺點，就是到處漏水，偏偏金紙又很怕水，我請房東修了很多次，期間他一直想漲房租，我就跟他說：「要把漏水修好，再漲房租比較合理。」

因為房東只租不賣，金香舖就一直租著，從開店到現在，幾乎保留著原來的面貌，其實就是一個起家店的概念，可以說是我目前事業的起點，我大概經營十四年左右之後，便交給妹妹接手。

遇水則發，是滿屋漏水的大慶金香舖，最大的價值，日後事業，全靠這裡的根基，成形茁壯。

第四章

葬儀百貨 開啟人生新頁

1 從金紙店到葬儀百貨

為何會走入葬儀業？老實說，當初只是看準這個行業有賺頭，能好好幫女兒治病。每當聽到有人往生，我就覺得生意上門了，但後來才知道，這個想法，有可能影響了女兒的命運……

葬儀百貨剛成立時，女兒還在，怎麼都沒想到，新事業正要起步，我珍愛的寶貝竟離我而去，但祂一定是不捨老爸的辛苦，在彼岸幫助著我度過難關。

金香鋪的收入很有限，要說能改善家裡經濟，其實是杯水車薪。二〇一一年的四月，剛好朋友跟我聊到葬儀用品的整合跟銷售，那時候台東還沒有這樣的公司，只有一家獨大的葬儀用品店，是賣骨灰罐、印訃聞、洗照片的，生意很好。

由於當地相關產業沒有那麼興盛，有些跟這家葬儀用品店合作的禮儀社手頭較緊時，常常欠這家業者的錢，店主就會在門前貼上某某積欠貨款的公告，有個朋友就是其中之一，他就一直鼓勵我出來做葬儀百貨，希望能多一家競爭業者，價錢跟品質應該也能改善。

朋友說，大概二十萬就可以做起來，我信了，很天真的把手頭上僅有的四十萬全數投入，後來發現錢越花越多，根本不夠用，開始以信用卡借款、也試著跟朋友借，能試的方法都試了，結果還被笑說，你這個少年仔異想天開，做得起來嗎？我不死心！頭已經洗一半了，錢也投進去了，想盡辦法，就是要把葬儀百貨開起來！

朋友很多，但一講到借錢就傷感情，加上父親之前就有借貸跑路的黑歷史，在台東也有不少人知情，因此我要花費更大的力氣籌錢，幾乎是操煩到要白了頭，就在最苦惱的時候，離世的女兒剛好有一筆學生保險理賠金一百萬撥下來，對我來說就如同及時雨，我知道是祐慈在幫我，幾乎是紅著眼眶跟天上的女兒道謝，並且用這筆錢捐了一部份給教養院，其他全數投入到公司營運。

七拼八湊，總算籌到大約三百二十萬，終於可以邁向葬儀百貨之路。那時台東地區一個月的喪葬案件大約一百到一百二十件左右，葬儀業者有四十幾家，規模都不大，但主要都是處理身後事，擔任禮儀服務那一塊，單純只賣物品的，幾乎沒有，因此我做葬儀用品百貨，算是先驅。

在女兒離開前，我有開靈車幫忙接送大體，女兒走後，因為太傷心，就把車賣掉。之前會開靈車，主要還是因為那時候沒什麼錢，開一趟靈車出去回來就能賺六千，一個月如果保守估計二十次，就有十二萬，收入很吸引人，因此每當聽到有人往生，就覺得生意上門，又能賺到錢了。但我後來一直很自責，心想是不是起了這樣的念頭，連帶影響了女兒的命運。

祐慈走後，我一再提醒自己，不要忘記女兒要我做的功課，自己剛經歷喪女之痛，對於亡者，一定要尊重，尤其往生者洗穿是最隱密的一件事，卻常常被業者殘忍輕率的對待，我自己走過這段歷程，不想讓別人也這樣對待自己的親人，如果我做不到將心比心，就不要繼續這個工作！

沒想到，轉念之後，原本經營得不怎麼樣的公司，逐漸有起色，每當財務出現問題，也總能在山窮水盡時，迎刃而解。

葬儀百貨，顧名思義，就是所有喪葬所需，都是我們販售的範疇。旗下公司以大慶玉石開發為名，因為骨灰罐很多是玉石製作的，因此進行材料的研究和開發，才能保證品質，並且控制成本，讓售價更合理，從源頭開始做起，也是一般葬儀業者較少涉及的範圍。

創業初期，我曾被台東業者聯合抵制，他們叫葬儀社不要買我的東西。還放話說我有黑道背景，不能進入殯葬業，呼籲同業不准跟我有生意往來，甚至還看衰我，認為葬儀百貨不到半年一定會倒。但我就是不服氣，要證明自己絕對做得到！

那段時間，我常常開著貨車挨家挨戶拜訪，甚至想辦法把貨品賣到花蓮、高雄，心想既然台東做不了生意，那就到外縣市賺錢。最終，我以誠意感動了台東的業者，總算能真正在自己的家鄉立足，為事業扎下根基。

以台東為起點的葬儀百貨，陸續往台中、台北、高雄等地逐漸擴展，並發展成一條龍的服務，包括照片、訃聞、大圖印製，還有棺木、骨灰罈、紙紮、各式葬儀用品以及花藝、現場桌椅……等，很多同業辦告別式，也會來跟我們租用設備。

在事業版圖中，唯一沒有做的，就是告別式的禮儀師那一塊，其實這也是台東同業希望我不要涉足的部分，這樣大家才能各自發展，避免互相踩線、惡性競爭。

2 研發骨灰罐，差點破產

為了研發品質良好、價錢合理的骨灰罐，我費盡心思，好不容易找到了方法，投入了兩千多萬研發，結果竟然賣一顆就被退一顆，差點血本無歸……

雖然做葬儀百貨，什麼都賣，但我一直想拉出一個主力商品：骨灰罐，沒想到又給自己找了一條崎嶇道路。整個事業體旗下最主要的公司以大慶玉石開發為名，是以批發骨灰罐而成立。坊間骨灰罐很多是由玉石製作，但台灣沒有大量的玉石礦材，因此來源一半是大陸加工完成後進口，另一半則是從國外進口角塊料之後，在台灣加工製成。但我一直在想，有沒有更多可能，讓現有的骨灰罐華麗變身？

大陸進口的罐子，在業界稱為陸罐，通常品質是盤商較難掌控的，也是帶損率最高的品項。我常常思考，要怎樣才能既保證品質又能控制成本，讓售價更合理，回饋給所有人？左思右想，唯有從源頭開始做起，才能降低品質不一的耗損。但是，源頭該怎麼控制？真的讓我想到幾乎腦袋冒煙。

在一次跟業者聊天的過程中被詢問到：「骨灰罐難道只有玉石可以製成嗎？現在科技這麼發達，鑽石都可以人工培養了，其他的寶石應該也可以吧？」聽到了這個疑問，我回家想了好幾天，苦思未果！突然間靈機一動，想到太太是珠寶鑑定師，我就把這個問題告訴太太。

隔了大約一個禮拜左右，太太列印了一系列的資料給我研究，我發現石英水晶是近代工業非常重要的材料，技術及發展相當完整，品質、顏色及純度也容易調控。但有些困難的技術問題需要想辦法克服。因為石英在高溫時，結構會改變，無法使用一般常壓下從高溫熔體中結晶寶石的方法，而是必須營造出接近天然石英形成的環境，以高壓熱水合成技術（俗稱養晶註）來完成，但怎麼做才能穩定品質？這還真是考倒了我們！

我們詢問了許多專家，跑了三個國家看原料、拜訪了六間工廠，實驗了無數次，也經歷了難以計數的失敗，在砸了兩千多萬之後，好不容易，才找到符合要求的廠商。

但當水晶骨灰罐推出時，我受到了許多質疑。

從研發到產品量產之初，我就申請了專利，包括成分與製程。因此在台灣，我是獨賣水晶骨灰罐的廠商，其他骨罐盤商業者，不得製造及販賣，正因如此，開始出現許多批評及誤導的聲浪，很多人都認為我的水晶骨灰罐根本就是玻璃製成，讓我實在難以接受，如此耗費心力和財力的辛苦成果，必須要導正視聽才行！

玻璃和水晶製品，最大的差異，就在二氧化矽（sio2）的含量。在國際上將二氧化矽（即石英原料）的產品，統稱為水晶，含矽量必須達到九十九%以上，也稱為再生水晶。而玻璃的含矽量為六十二%左右，水晶玻璃則是製程中的氧化鉛低於二十四%，由於成分的不同，材質及硬度也會有很大的差異。

台灣是屬於海島型氣候國家，一天二十四小時都會不斷產生水氣，任何物品都可能因為吸收了水氣而產生質變。玉石類的骨灰罐是所有寶石類中，唯一屬於多晶體的寶石，由於是多種礦物集結而成，因此形成很多肉眼看不到的縫隙，在物理熱漲冷縮的原理下，玉石類的骨灰罐會吸收水氣之後再自行排放水氣。

至於單晶體類的寶石，則有一個有趣的特性，就是親油性不親水性，可以完全阻隔水氣滲入堆積，更不會造成骨灰潮濕。因此我們也朝這個方向發展。

但天然水晶生成並不容易，必須要有四個重要因素：原料、兩到三倍的大氣壓力、溫度及空間的特殊條件。養晶則可以在人為的環境當中，調整出理想的物理、化學條件，精準培養出來，所以在品質與硬度上，更優於天然水晶。

費盡心力製作出來的水晶骨灰罐，剛開始推出時賣一顆退一顆、好一點時，賣十顆退八顆，幾乎要血本無歸，瀕臨破產。我索性貨車開著，一家家業者去行銷解說，才逐漸有了眉目。現在一個月可以銷售出將近兩百多顆，雖然還不是非常可觀的銷售數字，卻對我有很大的鼓舞及安慰，讓我相信，自己走的方向是對的。

雖然水晶骨灰罐在初期不被看好，也遭受很多抨擊，但一路走來，我依然相信，唯有誠信才能贏得天下，好的東西經得起考驗，客戶的批評是我進步的空間，這樣才能讓水晶系列產品更優質，更期盼交到客戶手上的，都是最好的！

註：

養晶指的就是再生水晶。

二氧化矽（sio2）也就是石英原料的產品　稱為水晶（crystal），為了便於區分，國際上通常以 Rockcrystal 指天然水晶，而養晶就直接稱為 Crystal。

日本及中國採用水熱法來生產養晶，這種方法的基本原理是運用一個大約兩層樓高的高爐，在巨桶中注入大量「無水矽酸」，並加入二氧化矽。然後在底層及上層各加熱至攝氏約四百度的高溫，上層比下層的溫度略低約四十度左右，並在鎔液中懸入供結晶出之再生水晶附著的晶核（長得像一片二十公分左右的米達尺，薄薄一片，將來會切割掉）。

主要利用熱對流的原理，讓高溫飽和的原料鎔液由底層流向溫度較低的上層，結晶會慢慢依附在晶核的兩面上，最後便形成厚片狀的養晶，晶核則被夾在中間。根據這樣的原理，在整個作業過程中，溫度壓力與環境是受到嚴格監督的，不能輕易改變，不然便無法完成整個步驟。

3 接下重擔的荊棘之路

我一個來自台東的葬儀百貨業者，要跟人家競選葬儀界頂端的全聯會理事長，很多人私下或當面嗆聲，你才幾歲？才幾年資歷也要跟人家來選？到底知不知道自己有幾斤幾兩重？各種冷嘲熱諷如同亂箭般不斷射向我，還好我心臟夠強，硬著頭皮就是要選，不願輕易放棄，因為我很清楚，很多改革想法，必須要在這個位子上才能實踐……

創立葬儀百貨的初期。我認識了恩師吳昭儀，他鼓勵我邁出腳步，放大格局。他曾擔任中華民國葬儀商業同業公會全國聯合會（以下簡稱全聯會）的秘書長，也曾是龍巖集團的副總經理。

我記得那天跟他同時參加了一場公祭，我們一起站在那場告別式的大牌樓下。他跟我說，希望我能加入台東縣葬儀公會，並且去角逐理事長，然後進軍全國聯合會，角逐全聯會理事長。當時我在想，公司草創初期，又面臨那麼多困難跟反對，會不會倒還不知道，哪有什麼心思選理事長？但恩師不斷鼓勵我，於是我決定自我挑戰。

從台東縣葬儀商業同業公會，一步一腳印，先是選上了理事長，漸漸的，和全國各地公會有了頻繁的接觸，也瞭解了生態，我才鼓起勇氣，往全聯會邁進。

全聯會理事長一屆任期三年，每次選舉，有二十幾個縣市在搶，要選上得要很有本事才行。以往也傳出各縣市有黑勢力把持，甚至有人說，如果不是黑白兩道通吃，你一個從台東起家的葬儀用品業者，怎麼可能當上全聯會理事長？

我表態要角逐理事長時，很多人就抱著看好戲的心態，覺得我根本搞不清楚狀況，也擺不平各方勢力以及背景強大的資深前輩們，許多同業們很想看看我到底是要怎麼選？在拜會各地分會時，充分感受到各種施壓及嘲謔。

期間也聽聞了私下或當面對我嗆聲，你才幾歲？在業界才幾年資歷？你只做葬儀百貨，又沒有在做禮儀師，真的懂嗎？這樣也要跟人家來選？到底知不知道自己有幾斤幾兩重？各式各樣的酸言酸語，如同亂箭般不斷射向我，還好我心臟夠強，硬著頭皮就是要選，不願輕易放棄，因為我很清楚，有很多改革殯葬業現況的想法，必須要在這個位子上才能實踐。

南奔北跑的過程中，認識了很多認同我的好朋友，包括當時高雄公會理事長簡勝家，南投公會理事長吳文達等人，幫忙運籌帷幄，爭取支持，掌握了半數的支持票數，最後在第六屆全聯會理事長李耀忠的協助下，協調其他縣市理事長出面力挺，才能順利當選。

其實，我要的不是頭銜，而是真正能改革殯葬業整體環境的機會，當然也不想讓自己跟黑背景掛勾，所以只能好好的廣結善緣，加上行事海派的個性，只要有人拜託我，在做得到的範圍內，我會義不容辭，盡可能幫忙完成。或許是因為這樣，各地方的公會慢慢認同了我，願意給我機會來服務大家。

在殯葬業界，喝酒應酬文化興盛，但我本身幾乎滴酒不沾，以往理事長常常要跑酒攤，我雖然免不了，但不會把這樣的社交型態當做主要工作，而是以「做事」為主，但人情世故還是要顧及，因此會跟同業說：「我們先把公事談好，大家要喝再喝！」但我基本上還是不喝，難道這樣不會讓人家覺得不上道嗎？剛開始確實會，但漸漸他們也接受我不喝的選擇，我想在大家眼中，這樣的我應該算是很另類的理事長吧！

熱心海派，是我的個性，也是待人處事，甚至是工作上「為人服務」的原則。比方說，我跟你不熟，我就盡量服務到讓你感受很深刻，以對待朋友、親人的方式，強調來者是客、顧客至上，不論是什麼樣的問題，我都能耐心回答，並協助解決問題，比方說，客人要求訂做一把豎琴紙紮，就算困難重重，我怎麼樣也要使命必達。

在全聯會運作的過程中，尊重各縣市葬儀公會的生態很重要，當然也要運用地方分權的概念，讓各地支持我理念的領導者去整合，才能夠事半功倍。不過，大部分的業者比較重視自身事業的發展及利潤，並不願意整個業界有太大的變革，很多想法要推動起來，例如價錢透明化，雖然現在已有定型化契約，但對傳統業者來說，這些涉及到利益的事，要改變，談何容易！

有句話說：「難行能行」，在擔任全聯會理事長這段期間，深刻感受的這四個字的深意，也確實每天都在實踐。

4 當殯葬業遇上新冠疫情

感覺上天一直在給我出考題，剛當上全聯會理事長不久，就直接遇到新冠疫情，殯葬從業人員處理染疫者大體的風險，跟醫護人員一樣高，卻未被等同對待……

二〇二〇年，新冠肺炎在全世界大規模爆發，台灣在初期雖然情況還在掌控之中，但我心中已經有很強的危機意識，葬儀人員常常會接觸到確診的往生者，染疫風險跟醫護人員不相上下。二〇〇三年的SARS，就有不少葬儀人員因為處理確診者後事而染疫病歿。眼看新冠肺炎來勢洶洶，身為全聯會理事長，必須承擔起責任，要為大家的安全把關。

針對疫情期間殯葬業者的保障，我著眼於三個層面：接體安全、疫苗優先以及死亡補助。

以疫苗來說，我跟政府爭取葬儀從業人員應列為優先施打對象，我請各地公會將業者名單造冊給政府單位，納入第二類優先施打者。另外，如果有同業因為從事葬儀工作染疫身亡，是不是可以比照醫護人員補助或是提高撫恤金額？這樣對於我們這個行業也會比較有保障。

至於接體安全，我感受很深刻，當時台東第一具因為新冠肺炎病歿的大體，是我去馬偕醫院接的，當時太太非常擔心我的安全，將心比心，我相信很多同業碰到染疫個案，難免心生恐懼。

隨著疫情升溫，有業者為了安全起見，拒絕接案，唯有高規格保障才能讓他們安心。另一個極端，在疫情蔓延中也有很多業者看到的是龐大商機（雖然很殘酷，對殯葬工作者來說，確實是如此），如果不統合管理，一定會有亂象，大家忙著搶生意，卻把第一線人員的生命安全擺一邊，我想這不是我願意看到的。

為了集中管理及避免謊報漏洞，我著手規劃由各地方公會組成殯葬業的新冠專責大隊，從二〇二一年六月開始，專門負責確診往生者的後事，其他業者不得插手，以避免擴大染疫風險。

新冠專責大隊的做法是，先徵求有意願業者，並且整合推派之後，依照規劃的 SOP 簡化處理流程，降低工作者的接觸機率，程序是必須穿著全套防護裝備，確診往生者直接在醫院或居處入殮，立刻送往火葬場，火化之後，再將骨灰罐交給家屬，最後依宗教習俗辦理告別式。

當疫情蔓延，任何往生者都可能是新冠確診者。舉個例子，在疫情爆發期間，台中有個跳河身亡的人，事發當場就來了兩個殯葬業者，協助打撈大體上岸，當時他們僅戴著口罩，和一旁全副武裝的檢察官相比，真的不知道該說是勇氣十足還是防疫意識不足。

據了解，這應該是來搶案件的業者，結果後來檢測發現，那位往生者確診，還好那兩位業者事後並沒有染疫，不然，為了生意賠上性命，真的很不值。

這樣的情況，突顯了殯葬業者的極大風險，尤其是意外死亡的大體，常常會在不知對方確診的情況下去移動，如果沒有完整的防護，那真的是拿命在工作。

為了落實防護裝備，在全聯會預算有限的情況下，我們另外募集了數千套防護衣，同時也送了很多面罩及口罩給同業，以最高規格維護專責大隊及殯葬從業者的安全。

關於死亡補助，是指殯葬從業人員，因為處理染疫者遺體而身故，能不能申請比照醫護人員申請身故補助？這一點，很難突破，因為喪葬從業者，只能適用勞基法，申請職業災害理賠，但相對於警消、醫護人員的身故補助，要少了很多，但卻要承擔的同樣風險，這對葬儀同業來說，很不公平，也是我想繼續努力爭取的重點。

在防疫與情理之間——新冠確診者大體的處理

根據衛福部提出《第五類法定傳染病》規定，處理確診者遺體以「儘速火化」為原則。在本書即將付印前，新聞及政論節目還在追查到底政府有沒有明確規定？是不是應該在二十四小時內火化新冠肺炎確診者遺體？由於涉及複雜的爭議，並不是我要深入討論的重點，我想站在殯葬業者以及家屬的立場來看待這件事。

所有殯葬業者面對新冠肺炎往生者的大體處理，都是頭一遭，我們也依循政府相關規定，儘快進行火化程序。但家屬因此就不能依照傳統流程瞻仰儀容、好好道別，使之更加悲痛！甚至將許多質疑與不滿，加諸於殯葬業者，並頻頻問道：「為什麼那麼急著燒？我都沒能見祂最後一面……」使得殯葬業者背了黑鍋，也導致雙方摩擦不斷。其實，兩方都有滿腹委屈，他們的心聲，我都聽到了。

以殯葬業者來說，處理染疫者遺體，在接體前端，就遇到了難題。一般醫院沒有特定入殮場所，也不願意提供，業者常常必須穿著防護衣，在車上進行入殮、蓋棺的工作，在狹窄的空間裡，是考驗，更是風險。

再則，從接體到火化的時間，並不明確，有些因為路程問題，或是家屬必須要申請死亡證明書，就得等到取得所需文件後，才能火化。但依照各地方政府的共識及指示，幾乎都是要求在二十四小時內要完成，我們業者只能盡力照辦。加上因為疫情爆發，殯葬量能已然緊繃，盡速處理確診大體，是不得不實行的防疫措施。

關於確診者大體的冰存，也是一大問題。按理說，如果從接體後，直接送到火化場，不會有保存的問題。但隨著疫情延燒，火化場每天都是滿載加班，要火化，還得排隊等待。此外，還有關於死亡證明書的開立疑慮。如果確診遺體是到醫院前死亡，醫院並不會開立死亡證明，而是要另請法醫相驗後，才能給予證明。上述兩種情況中間的時間差，就會產生大體冰存的問題。一般殯儀館考慮到防疫安全，不願意讓大體進入冰櫃，葬儀業者只能想盡辦法請求殯儀館通融暫放。但隨著染疫遺體的增加，這個問題會更加嚴峻，我們只能想辦法協調。

站在家屬的立場，送家人最後一程，是告別往生者最重要的一段路。但是對確診亡者的家屬來說，卻是難以達成的遺憾。為了避免病毒擴散，也考量到家屬及葬儀業者人身安全，大體放入屍袋封存之後，就不能再打開。見不到最後一面，讓家屬留下心中難以抹滅的痛。我們的折衷作法是「以直播或事先錄影方式，將接體後的入殮、蓋棺到火化的過程，真實呈現在家屬面前」，讓他們有參與送別親人的真實感受。

另外，也有人提出可採透明屍袋，讓家屬可以近身告別。依照衛福部的公文，屍體套入兩層屍袋時，每套一層，都要以一比十的稀釋漂白水（五千 ppm）擦拭屍袋外側，保持清潔，如此一來，即便是透明屍袋，也會因為擦拭而模糊不清；另一個問題，一般確診大體在裝入屍袋時，為了避免感染風險，並不會進行化妝及洗穿的過程，因此面容也會跟生前有所差異，在無法呈現乾淨美好容貌的情況下，家屬看了可能會更難過。不過，依照目前防疫管制情況，確診者在醫院已被隔離，若是往生，依規定家屬也無法到現場與親人告別，屍袋是否透明，似乎已不再是重點。

讓殯葬業者有明確法規可循，讓家屬可以好好跟親人道別，這是經歷新冠風暴的人們，包括政府或人民，都該好好思考的課題。

5 重大災難的投入：從太魯閣火車事故說起

二〇二一年的太魯閣出軌事故，是我這輩子見到最多遺體的一次，看了真的很震撼，也很心痛，尤其是裡面還有些是肢體不全的孩子，對曾經失去過女兒的我來說，看了格外揪心……

在擔任台東葬儀公會理事長的任內，發生了普悠瑪事故；在當全聯會理事長時，又遇上太魯閣意外，如此重大災難，必須在最短時間內集結同業及七六行者團隊前往協助，過程中要快速精準的解決各種迎面而來的難題。我想，這又是上天給我的考驗跟功課。

二〇二一年四月二日，太魯閣出事那一天，我人在台東，看著新聞，以為只是小出軌，不是太嚴重。一邊看著電視，一邊正在整理釣具，買好了便當，準備去釣魚。但心中免不了掛念著現場情況，還是跟花蓮葬儀公會理事長聯繫，剛開始得知的罹難者是個位數，花蓮方面表示可以先行處理。

等到中午十二點多，我又接到電話，得知很多存活者是爬著出來的，車廂中許多人看起來都罹難了，我立刻知道情況不對，便當都來不及吃，就馬上開著車從台東一路飆到花蓮，抵達花蓮殯儀館時，下午兩點半多，大概只開了兩個小時出頭就抵達。當時完全沒有帶換洗衣物，身上只帶了五萬塊，不夠的再想辦法領或請人匯款。那時幾乎是以殯儀館為家，累了就睡在慈濟提供的簡易福慧床上，剛開始忙到連續三天沒睡覺、沒洗澡，只希望能為罹難者及家屬多做一些什麼。

後來人力逐漸到位，才稍稍有機會喘息，但也幾乎是每一天都繃緊神經，處理各種突發狀況。那如同震撼教育般的十六天，至今回想起來，依然是怵目驚心。

雖然我從事的是葬儀業，但做的是葬儀百貨，並不是往生後的各項禮儀流程服務，所以並不怎麼有機會親眼見到大體。太魯閣出軌事故，是我這輩子見到最多遺體的一次，看了真的很震撼，也很心痛，尤其裡面還有些是肢體不全的孩子，對曾經失去過女兒的我來說，看了格外揪心，見到遇難的小朋友，好幾度紅了眼眶，幾乎說不出話來。原本太太也想到花蓮來幫我，我不忍她見到這麼多殘缺不全的大體，尤其是小朋友的，怕她看了會崩潰，希望她不要到現場，後備支援我即可。

太魯閣意外，四十九名罹難者，四十九個家庭心碎，每個故事，都讓人心酸。其中讓我印象很深刻的，是其中一位逝者的父親，他是最後一個來認遺體的，到了現場，他突然說不要認，第一，他不願意接受孩子逝去的事實；第二，之前已經有人電話告知他，大體所剩無幾。

他反問電話那端的友人：「你認得出是我兒子嗎？」友人表示，無法辨認，他回說：「你都認不出來了，你覺得我去會看得出來嗎？我不要認！」

後來他找上我們葬儀服務團隊裡的七六行者，悲戚的說：「孩子只剩少少的皮肉，面目全非，該怎麼辦？」我告訴他，會盡力幫他修復成生前樣貌。之後就請修復師根據照片，幫他兒子開模製作身體，由於身高超過一百八十公分，當時的修復人員，為了維持模具及形體的完整，整整站了七個多小時，連洗手間都無法去，箇中辛苦，外人很難體會。

大家所熟知幫忙修復遺體的七六行者，在我接任全聯會理事長之前，就已經在運作了，我上任之後，更加積極整合重大災難的協助。例如幾次軍機墜機的意外，還有重大交通事故、火災現場，我們都立刻啟動，主動聯繫政府單位及家屬，了解實際狀況後，前往幫忙。

太魯閣事件中，修復師們幾乎是不眠不休，以十六天的時間，儘快協助罹難者恢復完整面貌。我能做的，就是每天一早到修復區，看看他們的狀況，是否有吃飯、休息？或者是有沒有身體不適需要就醫？我的責任，就是確保全員平安。

很難想像，即便是義務無償的遺體修復，也有不少人搶著要做，為的是求名，希望自己參與過這項任務，有了名氣之後，就可以為自家業務鋪路。在我看來，如果是專業修復人才，我很歡迎，但其中不乏魚目混珠的業者，實際上是不懂修復的，這不僅對亡者不敬，對家屬也難以交代。

太魯閣事故發生後，我接到不少關說，甚至是黑勢力的介入，就是要安排某些殯葬業者來做遺體修復，我一概都委婉拒絕。主要原因在於，他們並不真正瞭解修復的專業。

關於修復這件事，以往一般的認知，就是縫補大體，把破損的身體或傷口修補起來，這些大部分殯葬業者都會做，但真正的遺體修復，其實是一門藝術，不僅僅要復原大體，甚至要以專業技能，使用各種材料，還原逝者生前面貌，這要具備的能力，比想像中還要專業。

尤其火車意外，遺體缺損的情況很常見，比方說，頭不見了，只剩頭皮，該如何修復？一般的葬儀業者，可能未必會處理。

由全聯會整合的七六行者中，有些修復師是做電影特效化妝的，大多為美術科班出身，他們用泥塑做成人頭，拿著罹難者生前照片，開始細修，雕琢到面貌幾乎雷同，待臉部輪廓完成，就灌入石膏，待乾之後，將石膏取出，就成了一個模子，裡面再灌入矽膠，成品就是幾乎仿真的人頭，相似度可達到九十％以上，其他肢體部位，一樣能比照處理，成品看起來很像是蠟像，但材質是更接近人體觸感的矽膠。

除了協助罹難者大體修復，當時事故所在地的花蓮葬儀公會公開表示，無償提供「〇四〇二臺鐵四〇八車次太魯閣號事故」之罹難者棺木及骨灰罐，但必須要在花蓮辦理火化事宜。不過有些家屬希望帶往生的家人回居住地辦理後事，可能就無法適用，我覺得，應將所有罹難者等同視之，願祂們都能回到家鄉安息。

因全聯會的預算有限，我決定以個人方式來協助，義務自掏腰包提供喪葬服務給來自其他地區的罹難者，這不僅是因為身為全聯會理事長的身分，更是因為我真心想幫助他們，當然，這也是來自女兒希望我能延續祂良善助人的遺願。

6 努力達成禮儀師的合法化

禮儀師要考證照才能納入合法門檻，但對於做這行幾十年的資深人員來說談何容易？但我就是要幫大家開班上課，讓更多人能通過考試，不會因為無照被開罰……

早期從事殯葬業，給人的印象就是沒讀什麼書，才會去走這一行。當然，現在有很多新興的生命禮儀公司，用的是年輕有實力的禮儀師，但全國保守估計仍然有七成的葬儀業者是個體戶，需要更多的教育機會，讓他們與時俱進，更具競爭力，最重要的是：合法化。

根據政府規定，一個合法禮儀師，除了要有乙級技術士證照，還需要另外兩個條件，分別是兩年以上的禮儀服務員經驗，以及修滿二十學分的相關課程。其中最難的，就是取得乙級證照。

全台灣的禮儀社超過四千八百多間，可是合法禮儀師一定要通過的「喪禮服務乙級技術士證照」，截至寫本書前，才發一千一百多張。很多人都考不過，一次考不上就繼續考，如果要去上課補習的話，一個人要價兩萬五千元左右，為了提升葬儀從業人員的合格率，全聯會從二〇二一年開始輔導他們，協助開課。來上課的人只要交五百元的書本材料費，其他費用由全聯會支出，這是我上任以來，致力推動的重點事項。

量身打造的禮儀師考照精修班，滿三十個人就能開課，課程分四天辦理，每天四個小時，從下午一點上到五點，總共十六堂課都出席，才算訓練完成。同步在北、中、南、東開課，只要有地方縣市提出需求，就會到各地開課，師資、課程由全聯會規劃，場地就由地方公會處理。由於上課並沒有限制條件，因此報名非常踴躍，任內也依照需求，持續開課。

為什麼要開課幫忙大家考證照？政府早在二〇一六年就已經規定，資本額超過一百萬的業者，至少必須要有一位持合法證照的禮儀師，過去幾年來，政府並沒有嚴格查核無照業者。二〇二一年，公部門大舉開罰無證照的葬儀從業人員，不符規定者，採連續開罰，查到一次就罰一次。

不過，上有政策，下有對策，資本額超過一百萬的葬儀業者有四百多家，有些為了規避合法禮儀師的法令要求，把資本額降到一百萬以下，比方說變成八十萬之類的。但內政部也持續會把資本額限定標準下修，最終就是希望落實法規。

對於青壯年的葬儀服務人員來說，可以努力讀書來應考，但對於非常資深的禮儀人員來說，讀書、考試真的是件苦差事，但如果不邁向合法化，勢必會被淘汰。

改革路上的神隊友

在葬儀業界要做到改革，那真的是要有很大顆的心臟，當然也要有許多的支持和協助，才能動得起來！

幫我的人很多，而在全聯會跟我一起並肩作戰的，是秘書長許博雄。原本是職業軍人的他，後來成為葬儀學者，曾經擔任過第六屆全聯會總幹事，後來因為希望在大學專心任教，而不再接任全聯會職務。

我花了半年的時間，多次拜訪，如同三顧茅廬，最後在高雄公會理事長簡勝家的遊說下，許博雄才點頭，願意跟我一起努力改革。

我的實務經驗和許秘書長的學術知識，讓很多改革想法能夠更有系統的推動。例如說，我們對葬儀從業人員的教育及合法化都很重視，就一起籌畫為喪禮服務乙級技術士的考試開設課程，這是以往在全聯會不曾做過的，課程內容是他根據考試科目，以學界結合實務觀點來完成。

另外像是因為新冠肺炎爆發而必須及時應變的從業人員安全計畫（疫苗、撫卹、安全等等），也是由他協助從法規到實際操作的考量，一步步為葬儀人員爭取到最佳保障。

改革如同作戰，有全力支持的專業隊友在，我更勇於接受挑戰。

7 殯葬業的理想藍圖：合理的價格及有尊嚴的服務

我希望全面推動的是，葬儀服務依照需求點選項目，量身打造，不用全部都得買單。

接手全聯會的理事長之後的第一件事，我想把葬儀業者的工作及服務模式更加系統化及透明化，但現實上，業者各有山頭，各自有利益盤算，要改變，比我想像中還要困難許多。

禮儀社三十年前跟三十年後的價格差不多，現在很多人會覺得不好做，很有可能是三十年前太黑心、收費過高！因為早年社會比較封閉，業者常常會跟家屬說，你要做什麼，還要加什麼，這樣對往生者會比較好……之類的，遇到生死大事，家屬常常也會乖乖掏錢，當時就是業者說了算，開多少價碼也由他們決定。

到了大型禮儀公司出現後，實行定型化契約，比方說，在十六萬、二十萬等等，抓出一個均價出來，不同的價錢，服務內容也相對有差異。當大型葬儀公司口碑做出來了，得到越來越多的認同，生意也越做越好時，把傳統的業者嚇到，假設說，當大公司的服務是十萬，小規模禮儀社總不能開價二十萬吧？當然也就會以差不多的價格來收費，營收自然不能跟從前坐地喊價的情況相比。

再來，跟人口成長率及死亡率有關。一九四九年，國民政府遷台，當時有一個政策：「增產報國」，也就是大家熟知的戰後嬰兒潮，出生率衝高。到了一九八七年左右，人口數開始下滑。但是現在我們喪葬業遇到的壽終正寢的往生者，還沒到戰後嬰兒潮的那一波，這也代表說，死亡數還會一直逐年往上攀升，而家屬對葬儀服務也會越來越精打細算。

以後的發展，我希望家屬能依照需求及預算點選服務。比方說，有些人注重骨灰罐的品質，就會買好一點的，但可能認為法會是不重要的，不一定要請法師誦經，那就可以省略，每個人依照需求點選服務項目，這樣就能控制預算，並且達成真正以需求為導向的服務。但這隨選服務的想法，在目前包套包價的情況下，很難針對單一項目更改置換，這是有待努力的空間。

對於服務價值，我深入研究許久，甚至在就讀彰化師範大學企管所時的碩士論文，就是以「從破壞性創新觀點探討骨灰罐之商業模式」為題，研究骨灰罐的行銷，不應只是由葬儀業者統包，而是可以像一般物品般任君挑選，雖然是很創新的想法，但我深信，這會是未來重要的趨勢。

除了價格，更重要的是要以一顆真誠尊重的心來服務。用說的很簡單，要真正做到，端看有無用心，千百年來，至今仍未完全落實。其中的對比，在女兒祐慈往生時，讓我有更深刻的體悟。

祐慈在榮總辭世時，是由萬安生命負責身後事，當時從病床搬動大體到擔架時，兩位禮儀師，一位抱著頭，另一位抱著腳，太太雅琴則抱著身體，移動時，他們還輕輕對祐慈說：「妹妹，不要擔心！叔叔會好好抱著祢的……」看到這一幕，儘管喪女的我，悲痛欲絕，卻也感動不已，我感受到了葬儀人員對亡者的真正尊重，讓我更堅定地督促自己，也希望能影響更多同業，往更好的服務品質邁進。

時至今日，仍有同業是延續著以往傳統的方式移動大體。印象中曾經看過，葬儀人員拉著白布，口中喊著一、二、三，就把大體甩到擔架上，如果是家屬看到，或是亡者有知，當生命終止後，竟被如此無情對待，必然會心痛。

在祐慈離去的前一年，當時我有提供靈車接送的服務，有時候也會支援禮儀工作的現場。有一次，朋友要幫大體梳妝，請我一同前往協助。當時那位朋友在執行任務時，完全沒有戴口罩及手套，在為大體合上下巴、放入金紙後，只見他將手在自身的衣服上擦了擦，就從口袋拿出檳榔，放入口中咀嚼，我當場瞪大了眼，他以為我也想吃檳榔，又從口袋拿了一顆給我，當場我立馬回絕了。很難想像，十幾年前，葬儀業整體衛生及安全意識，竟是如此薄弱。

此外，關於亡者入殮前的作業，我也希望能做到男女有別。女生的大體，由女性服務人員來進行洗穿工作，讓往生者直到最後一刻，都能確保身體能被真誠清淨的對待，男性亦然。

從價格到服務，改革的路，還有好一大段要走，不足之處，代表還有進步的空間，邁向系統化、人性化的服務，指日可待。

8 殯葬業也可以很公益

帶著女兒的遺願，做公益是心意，也是歡喜。

我會想做公益，跟女兒很有關係，我想，這是她交給我的功課中很重要的一塊。剛開始，主要捐助一些貧苦沒錢辦喪事的人，只要有通報，我都會盡量幫忙。

尤其在台東，有很多中低收入、弱勢貧窮的人，他們只要來找我幫忙，不需任何證明，公司裡的骨灰罐、棺木、照片、服裝……等，全數免費提供！曾經有段時間，捐到公司會計忍不住通知我，再捐下去可能就要倒閉了，但我還是寧可繼續助人，只希望讓所有亡者，都能體面地走完最後一程。

沒想到，在財務幾乎周轉不靈的情況下，公司居然越做越順，不僅沒有大虧本，還漸入佳境，而且每次不管捐多少出去，就會突然賺進相同的金額，說起來，真的很玄！

當然有人會問：「你怎麼知道他們是不是真的沒有錢辦後事？」我想，一般人不會隨便拿這種事誆人，再說，會不會亂報，我們大概心裡都有數。

在葬儀百貨草創初期，有位爸爸的孩子走了，因為沒錢支付後事費用，人就跑了。葬儀社告訴我情況後，我就幫他墊付了喪葬費。但當時因為錢幾乎都投到事業上，手頭也很緊，正一籌莫展時，走著走著，平日不賭博的我突然去簽了六合彩，原本有給了店家幾個號碼，但實際上業者卻幫我隨便亂簽一通，完全不是我指定的數字，沒想到陰錯陽差，居然中了四萬多塊，那筆錢的數目，剛好就是那位父親積欠的喪葬費，只能說感謝老天爺的相助，真的太神奇了！

幫助人這件事，我從女兒身上學到很多。雖然我們那時候沒有錢，她還是很積極，十塊、十塊的投入竹筒，捐給慈濟，不只她自己投，也叫我投，在那個過程中，深刻感受到付出及助人的歡喜心。

而公益助人除了跟殯葬有關的，我們也捐助弱勢團體。尤其自從二〇二〇年開始，受到新冠疫情影響，很多照顧特殊小朋友的慈善機構，幾乎沒收到什麼捐款，我想葬儀業可以盡一份力，幫助弱勢團體能夠生存下去。

二〇二二年，我們從在地開始發起捐助台東縣牧心智能發展中心的計畫。我跟台東同業商量，是不是台東葬儀公會的會員，可以捐出收益的十％來做善事？最後大家決議，捐出五％。我覺得這是個好的開始，我也希望自己能夠扮演一個領頭羊的角色，大家看到我做了之後，也會跟著慢慢捐款，讓慈善這一塊能夠越做越大。

我自己每年差不多會撥出兩百萬左右，用於公益。這是我的心意，也是跟女兒一起做的事。所以我堅持；第一，不對外募款；第二，不接受他人主動捐款，能夠自己做的，就盡力去付出，尤其看到牧心的小朋友天真無邪的笑容，彷彿看到女兒的笑顏般，讓我找到心靈的慰藉。

環保葬真的環保嗎？

電影或戲劇中常看到，將逝者的骨灰撒向大海，或是樹葬，感覺很環保，也有一種哀戚中的浪漫，但事實真是如此嗎？

骨灰磨成粉，根據科學研究分析發現，主要成分以磷酸鈣為主，另有為碳酸鈣、磷酸鎂，以及硫、矽等微量元素，需經過特殊分解才能被植物的根部吸收。但直接磨成粉的骨灰，碰到水之後會鈣化，無法分解，因此樹葬並不如一般人想像的，會跟土地融為一體，甚至有殯葬業者發現，在埋入骨灰的土地上種樹、種花，也未必能存活。這並非因為我是骨灰罐業者才這麼說的。人的養分主要在肉體，當火化之後，只剩骨頭，已根本毫無養分，除非經過特殊研究處理，很難再滋養土地。有人提出說，那骨灰一層、泥土一層這樣層層相疊，應該就能解決結塊的問題了吧？但事實上骨灰就是難以分解，一樣在土中結塊，這麼做的意義實在不大。

至於海葬，道理類似，因為大體的遺骨，不會溶於海水，只會造成污染，甚至被魚類吃進肚子，也難以消化，並不如外界想像的環保。再則，根據殯葬管理條例及施行細則規定，骨灰必須拋灑到距離各港口防波堤最外端，向外延伸六公里半徑扇區以外之海域，才能舉行海葬。

而且，為了海葬，特地駕駛船舶出海，船隻的燃油、噪音污染，已悖離環保理念。加上出海成本高，許多家屬會自行投入海邊或河裡，反而造成更多的環境問題。

除了環保觀點，也有情感因素值得探討。政府基於土地利用及環保因素，鼓勵喪家對亡故親人骨灰，採取樹葬、海葬、植存、花葬等環保葬方式。原本是好意，可以兼顧國家利益及喪家消費權益。但卻忽略華人民族長期以來喪葬儀節深植於每一家庭，深繫家庭倫常的重要關係！況且，因時代變遷，家庭人口結構改變，家人之間感情濃密關係，更甚於早期傳統社會。

以往的喪葬，當家屬思念亡故親人時，至少還有墓碑、塔位可供家屬當面傾訴追思，就如同民眾對神明燒香膜拜與擲杯或對主祈禱等宗教信仰的儀式，以此藉由時間緩解家屬心中思親情懷，減少因喪親而生之鬱悶。但環保葬，相對就較無這樣的實質寄託。

折衷作法，可以在傳統入葬後，設定年限，再依當地縣市政府地方殯葬自治法規，將親人骨灰（骸）起掘，將骨灰處理成易分解狀態，實施環保葬。如此作法，一來可以保持塔位或土葬區流動使用，不須增建，也符合政府推行環保葬的政策；再則，家屬喪親悲痛心情，能得以緩解並健全發展；

同時也兼顧殯葬同業，展現道德良知的專業服務，與保持應有生計空間。

基於上述理由，中華民國葬儀商業同業公會全國聯合會，於二〇二〇年十二月十五日函文內政部，表達當前環保葬技術與理由，無法滿足亡者與家屬所需，建議審慎處理。

前述想法，是整合過專家學者意見而來。根據台灣喪葬儀節研究的著名學者徐福全博士於二〇二二年五月六日在其個人臉書表示：「挫骨揚灰的喪禮，如何慎終？爐冷香滅的祭禮，如何追遠？」

另外，南華大學生死學系主任楊國柱博士於二〇二二年五月二十九日也在個人臉書表示：「根據內政部統計，二〇〇七年全國死亡人數為十三萬五千八百三十九人，二〇一六年則為十七萬兩千四百零五人，死亡人數增加幅度為二十七％。但據內政部委託調查報告指出，國人治喪總費用）含禮儀服務及設施使用費用（卻從二〇〇六年的平均每件三十五萬四千一百四十五元，至二〇一七年總費用平均每件降為二十四萬兩千四百六十五元，降幅為三十二%。服務件數增加，總產值卻減少，所以殯葬服務業的未來潛藏隱憂，亟需殯葬產、學界思考解決之良策。」

其實，徐博士與楊博士二位教授所提共同問題之一，便是喪禮後，立即推行環保葬因素影響，與我領導全國殯葬禮儀服務同業思考問題一致。

然而，身為全國殯葬同業領導者，必須同時兼顧國家利益、消費者（喪家及亡者）權益、以及殯葬同業專業服務與生計等立場綜合思考，希望政府與民間，能夠共同思考出最符合人性、經濟效益，又能顧及慎終追遠的喪葬方式。

第五章

回到起源

我的根

1 廟，是我的家

廟牽繫著童年的生活記憶，那狹小的倉庫，曾是我的房間，如今堆滿雜物，卻抹不去曾經的成長痕跡……

位於台東市正氣路小巷裡的救世殿，是我年少時期的暫居地，每次回到台東，一定會去參拜，對我來說，是離不開的「家」與「根」。走在腹地不大的廟埕空地，彷彿還能見到兒時自己來回奔跑的身影，也似乎還聽見阿公、阿嬤呼喚我的聲音……

廟名「救世」不僅救的是世人，更救了我的人生，可以說是守護著我一生的廟宇，無論我搬居到何處，常心懷感念，我知道，廟中的關聖帝君及眾神看到了我的苦難和努力，所以願意給我站起的機會，我會一生好好珍惜。

小時候，阿公、阿嬤顧廟，我就在廟旁邊玩，心裡也把廟當作自己家，沒想到後來真的以廟為家。

那是我退伍後的事，因為爸爸欠債跑路，我也帶著懷孕的太太躲到成功去，因為孩子要出生才回到台東市區，卻苦於沒有地方住，只好跟顧廟的阿公商量，暫時窩居在廟旁邊的小倉庫。

當時印象比較深刻的是，一九九九年的九二一大地震。那一天剛好擺完夜市剛回到家，才進門不久，看著妻兒們的睡顏，想要摸摸她們，就突然天搖地動，我幾乎沒什麼反應的時間，把女兒推到木床的底下，床有點類似桌子，下面是有空間的，塞進一個小孩，綽綽有餘。

把女兒迅速塞進床底後，太太也醒了，搖了幾分鐘之後，就沒有再搖，才把女兒拉出來。

當時通訊沒有現在發達，也沒有電視可以看，不知道災情那麼嚴重，後來聽我高雄做禮儀的朋友說，他們負責送大體的大禮車，就載了兩、三百具罹難者遺體，才曉得真的很嚴重。

儘管以廟為家的日子相當清苦，但我心懷感恩，虔誠感謝救世殿關聖帝君的庇佑，讓我們在大震中，一家平安。也讓我後續的人生，心靈有所依歸。

廟旁那只能放下一張床的小房間，如今擺滿了雜物，已不復往日面貌。但我與妻兒過往在這裡的歡笑與淚水，依然迴盪在屋子裡，不曾消失。

2 排行老二的煩惱

小時候，哥哥總是有新的單車，而我只能撿隔壁阿伯不要的，但有骨氣的我，決定用雙腳走路上學……

我在家中排行老二，爸媽常忙於工作跟家務，大部分資源給了身為長子的哥哥，或者年幼的弟妹，我所能得到的溫暖呵護，並不是太多。常常有好吃好玩的，先給了哥哥，然後妹妹、弟弟，我經常被跳過。我想這是身為次子的宿命，當然這幾年事業有些成就，有稍微好一點，但從前就完全是另一個世界。

就讀小四時，小六的哥哥買了一台腳踏車，看到他騎，我很羨慕，但哥哥就是不讓我騎，還規定我只能看，不能摸。我跟媽媽說，我也想要一台，她回我：「等你國一就買給你。」當我好不容易升上國一，家裡又給哥哥買了一台腳踏車，我問媽媽：「那我的呢？」她回答我：「隔壁阿伯有一台不要的單車，你去牽來騎！」我當時聽了就賭氣，決定不騎了！

沒有單車可騎，就走路去學校，但步行路程至少要半個小時以上，七點前要到校，我就五點半起床。當時身高才一百四十公分左右的我，就這樣每天很有骨氣的，一步步走路上下學。

當兵前，幫家裡做檳榔批發生意，賺了很多錢，當時家境改善很多，每晚我幾乎都忙到十二點多，回到家裡，鐵門關下來了，打電話請家人開門，得到的回應是：「怎麼這麼晚回來？誰叫你做這麼晚？又沒有人強迫你……」這樣的話語，讓我很疑惑。

即便如此，我還是很認份的，把工作做好，一直到當兵前一天，我還在包裝寄送檳榔，以及準備入伍後家中工作的交接，甚至還把家裡跟的會明細一一列舉出來，希望當兵後，她們都能順利接手，那段日子的我，似乎早已習慣排行老二逆來順受的日子，但這也成為日後奮發向上的動力。

3 挨打的童年與貴人老師

如果不是遇到尤忠秀老師，我可能一輩子都很難被啟發出念書的動力……

小時候不愛讀書，家裡爸媽也忙，沒時間關心我的課業，作業也常常沒寫，但考太爛還是會被罵，記得小學一年級時，放學回來，成績不好，就被修理了！這樣的情況反覆發生，成績常常吊車尾。

記得國小三、四年級時，老師看到我的習作本，嚇了一大跳，發現從第一頁到最後一頁，已經學期末了，完全沒有寫，可想而知就挨打了。印象中，小時候被老師打是家常便飯，那時候寫作文時抱怨老師打人，結果還是換來一頓嚴厲的處罰。

這樣的情況，在五年級時有了翻轉。小學每兩年會換一位導師，五、六年級的導師，成了我人生重要的轉捩點，他也是唯一不會暴打我的老師。名叫尤忠秀，是教數學的，他要我下課後去他家補習，並且循循善誘，鼓勵我好好讀書，我聽進去了，成績突飛猛進，在班上名列前茅，不是第一名，就是第二名。

從我家到老師家，單程走路大約需要半小時左右，來回就是一小時，當時並不覺得遠，反而很期待補習，感覺被老師重視，也逐漸在念書上找到成就感。不過，我對尤老師很不好意思，原本每個月要交一千五百元的補習費，因為家裡沒有錢，都沒交，但老師還是願意讓我補習，很用心地教我，讓我很感動。

尤老師曾經說我是很聰明的小孩，如果認真讀書，以後會不得了！我想讀書有所謂的讀書命，有沒有老師緣很重要。可以說尤老師開啟了我對數字的興趣，為日後做生意、經營管理打下深厚基礎。

4 最疼我的阿嬤

印象中，阿嬤廚房裡的菜櫥是她放錢的小金庫，而我就是那個常偷錢的頑皮孫子……

小時候哭，阿嬤都會抱著安慰我說：「阿嬤惜惜！怎麼哭了啊？誰打你啊？」阿嬤從小就很疼我，在雙親忙於工作，無暇分神關心我時，阿嬤和我之間的親情，是緊密而溫暖的。她是少數讓我至今一想到就會眼眶泛紅的人，因為不管我受到什麼委屈，在家裡面的地位如何，當哭著去找阿嬤的時候，即便她沒有辦法幫到什麼忙，也總是能給我溫柔的力量。

印象中，阿嬤廚房裡的菜櫥是她放錢的小金庫，櫥子一打開，裡面都會有好幾把十萬一疊的鈔票，小時候沒有零用錢花用，就會從櫥子裡整疊的鈔票中，抽一、兩張出來花用，原本以為不會有人發現，但還是逃不過阿嬤的法眼！她跟我說：「那是要交給人家的錢，少了一張就會被說沒信用，你要拿錢，要拿散的，不要從整疊裡面抽，不然會害到阿嬤。」她真的是疼孫子，常常跟我說，錢不要亂花。需要用錢跟她說，不要自己隨便拿。

菜櫥也是我兒時的零食櫃。我喜歡吃的水果，像是土芒果、龍眼，或是糖果餅乾，阿嬤都會買來放在菜櫥裡面，特地留給我，並且跟我說，菜櫥裡面的東西，是要給你的，要記得去吃。

因為阿嬤不識字，我就會耍小聰明，把所有的成績單、聯絡簿之類的，都給阿嬤簽，她有時候乾脆拿印章給我，讓我自己去蓋，我也樂得開心。

無論我再怎麼調皮搗蛋，犯了什麼錯，阿嬤都不會責怪我，只會念一下。

阿嬤平常話不多，可是很海派，誰跟她借錢都行，以前在廟裡，不管幾點去廚房都有飯菜吃，而且很多，不怕人吃，鄰居、香客也很歡喜。

我想，我的海派個性，應該就是遺傳自她。

阿嬤的勇敢跟堅強，是我的榜樣。但她的固執，卻也讓我不敢領教，一旦她決定的事情，沒有人能改變。當她確認罹患肝癌，堅持不接受治療，只願意打止痛藥，而且這件事，最初只有她跟阿公知道，還特別交代阿公不能講，因此家人完全不知情，連我也被蒙在鼓裡。

有一天，她叫我回去，給了我五萬塊，當場又把阿公叫去，再跟他要了五萬塊，總共給了我十萬，希望給我兒子仕証，她跟我說：「這是我的手尾錢。」

我問她：「您還好好的，為何給我這筆錢？」她說：「如果現在不給你，等到有一天我怎麼了，你跟孩子會拿不到。」

除此之外，阿嬤還打了條一兩重的金鍊子給我，交代我不要賣掉，這是她留給我的紀念。

等到我知情的時候，阿嬤病情已經很嚴重，只能一直靠止痛藥來讓身體舒服一些，她還堅持要自己騎著摩托車去醫院打止痛針，回來時，還不忘經過我的金紙店，帶著滿滿的零食給我跟兒子，那種疼孫的心，讓我總是感動到眼眶泛淚。

我一直想帶阿嬤去治療，但她就是不肯，她說，活到這個歲數夠了，不想再給大家添麻煩。其實我仔細想想，可能跟父親的去世有關。她這輩子最疼的應該就是我爸爸，在父親的喪禮上，阿嬤用跑的去撞牆，難以言喻心痛，幾乎一度讓她失去求生意志。

阿嬤離去的那一年，有一天她跟阿公講說想要辦大壽，希望請親朋好友來吃飯，阿公跟她說：「妳要等光庭（我的舊名）回來，不論要辦十桌還是一百桌，他都會辦給妳。」

當時我在外縣市工作，阿公沒有立即告訴我，後來阿嬤病重辭世，阿公才說出這件事，卻在我心中留下無法彌補的遺憾。那時候剛到台中拓展事業，現在想想，很後悔為何不在台東多陪陪病重的阿嬤，如果能晚一點到台中發展，說不定阿嬤可以活久一點，或許當時心中一直在逃避現實，總認為阿嬤會長命百歲。

阿嬤走的時候，我真的傷心欲絕，當棺木推到家門口，我跪著一直哭，不捨得離去。對我來說，阿嬤不僅僅只是阿嬤，她還像母親一樣，寵溺、疼愛我，這是在原生家庭裡，比較難感受到的緊密情感。

對我來說，阿嬤就是溫暖女神般的存在。人生過程中，總是一直鼓勵、支持著我。我剛出來創業開設葬儀百貨時，她交給我一本存摺，裡面差不多有將近五十萬。

她跟我說：「這是我跟你阿公的棺材本，你要好好珍惜著用，不要到時候連我們的後事都沒得辦。」

這是我從家人身上唯一拿到可以投注在事業的錢，對於剛起步的我來說，真的是彌足珍貴，不過這筆錢，我始終留著，沒有動用。阿嬤喪事的時候拿出來，說這是老人家寄放在我這裡的錢，結果還被阿公罵我雞婆、多話，為什麼要講出來？後來這筆錢果然有一部份就被親戚瓜分掉了。

老人家儘管已辭世，卻依然關心著我。有一次夢到我開車載著阿公、阿嬤出來玩，他們坐在後座，像平常一樣聊天，一如往常的關心著我，希望我不要做那麼累，只要把自己跟妻小照顧好就行，不要再為整個家族付出那麼多，夢裡我微笑允諾，夢醒後，依然一肩扛起整個大家庭的擔子，奮力向前。

5 阿公是廟公

前任廟公突然想去雲遊四海，阿公就變成了廟公……

印象中的阿公，就像是個老紳士，喜歡梳著西裝頭，穿襯衫、西褲，打領帶，以前每逢過年，我都會帶著他去買新衣服，把他打理得帥帥的，祖孫倆就很開心。

這樣衣著筆挺的阿公，本業是廟公。

關於阿公變成廟公的故事，先從阿祖說起好了！

阿祖帶著阿公從台南到台東時，阿公應該是三歲，到他十六歲的時候，我阿祖已經是個非常有錢的大地主了。

後來阿祖往生，阿公分到很多財產，大約三甲多的農地，在台東中華路附近。可是阿公不到二十歲就賭光了，他當時太年輕，分到財產時沒人管，更不會理財，短短四年的時間，買了一些糧票之類的，就都沒了。沒了錢，阿公就成了無業遊民，但還是整天都在賭博，一心想翻身，卻越陷越深。

他四、五十歲時，常常在廟附近閒晃，當時救世殿有一個廟公，跟阿公很熟。有一天他跟阿公說：「我要去七逃，你幫我顧三天。」等到他旅遊回來，就說不做了，要阿公就此接手。

從代班變成正式廟公，顧廟的責任阿公一肩扛起。從此以廟為家，而我，也成了廟裡的孩子。

6 爸爸教我的事

原來，爸爸將我取名為「光庭」（舊名），就是要我光耀門庭的意思……

高中畢業時，有一次開車去山上採檳榔，爸爸對我說：「人生就像開車，過程不會都是平順地開四線道，而是彎彎曲曲的，只有把蜿蜒的山間道路開好，以後才能開平坦的四線道。」這席話，可以說大大影響了我對人生的看法，成為日後處事的圭臬！

爸爸從小就看出我的潛力，曾經跟我說：「你以後一定會不簡單！」國小二、三年級時，父親常跟親友在修車工廠下象棋，我就跟著在旁邊看，看著看著，居然就會教爸爸怎麼走才能贏，老爸突然覺得這兒子不是蓋的，語重心長的跟我說：「你叫『李光庭』，以後一定要『光耀門庭』。」

他常常跟朋友誇讚我，也讓從小因為身形瘦弱常被忽視的我，終於從父親身上得到些許肯定。後來爸爸也會單獨找我下象棋，我很常贏他，讓他對我刮目相看。

爸爸很少苛責或打我，唯一有印象的是，高中的時候逃課，老師打電話到家裡找人，我回到家撞見爸爸，就被他嚴厲訓斥。嚴格來說，那應該不算翹課，是正常課程後，老師多開的輔導課，我不想留下來，才被老師告狀。爸爸當時語重心長對我說：「聰明也是要好好讀書，才會有出息！」

父親後來罹患了口腔癌，可能跟家中做檳榔買賣有關。確定罹癌前，當時家裡的檳榔生意正好，不過父親的身體已經出現異狀，一吃到辣的東西，口腔就感覺到刺痛難耐，但當時並沒有警覺到可能是癌變的徵兆，撐了好久都未就醫，後來，就醫判定罹癌的五年後辭世。

我常常在想，如果能及早治療，或許父親能多活幾年，家族的命運可能也會全然不同，但已無法逆轉。

7 媽媽給我的考驗

從小一直想得到媽媽關愛的眼神，卻總是沒有得到太多重視，後來才知道，她一直都認為我是有能力照顧好自己的那個孩子……

父母性格很不同，爸爸比較溫和，媽媽非常強勢，管教起孩子媽媽有時很嚴厲，他對我難得的慈愛，是因為我比一般孩子來得瘦小。小時候身體比較孱弱，就是人家說的不好養，媽媽還特別去求救世殿的關聖帝君守護我，等於是收我為契子，希望能平安長大。

根據媽媽的形容，小時候，我是個很乖的孩子，坐在娃娃車裡，只要丟給我一包乖乖，就真的可以「乖乖」坐一整天，完全不哭不鬧。

有一次，媽媽在殺雞，雞血噴濺出來，坐在一旁的我，見狀立馬暈倒，她嚇了一大跳，從此以後，便不再殺生。

沒想到，這竟成了我斷奶的契機。當時，媽媽怕瘦弱的我養不活，母奶一直餵到三歲，卻始終斷不了奶，只要我一喝不到母奶，就會餓到嘴唇發紫，媽媽想盡辦法，還是難以斷絕。最後想到我害怕見血這件事，就將乳頭塗成紅色，我一看見便不敢再靠近，真的就成功斷奶了。

因為先天體質不佳，跟同齡孩子相比，總是個子特別小，全校最矮、最瘦的就是我！上課都是坐在第一排。可能也是因為長得不起眼，感覺不怎麼討大人的喜歡。

有時候媽媽帶我們出去，常常有人看到我都會說：「一樣都是兒子，一個長得跟牛一樣，一個這麼小欉」，在喜歡比較的大人眼中，我就是那個不起眼的小不點，常常被忽視，有時候甚至會覺得，媽媽會認為我這個兒子讓她很沒面子。

那是一段很想向大人討愛，卻始終得不到關愛眼神的歲月。有時候跟哥哥、弟妹吵架，我常常是被打的那個。

當兵時，有一次放假回家，回去前打了通電話告知，接電話的是媽媽，她冷冷說：「要回來就回來，不回來就不回來，不用打電話！」後來才知道，那一天剛好家裡在忙六合彩的事，根本無暇理我。

為何會對我總是較為嚴厲？我從未問過母親，長大之後有一次偶然的談天中，她才緩緩道出，希望我不要埋怨她，「媽媽會特別疼能力比較不好的孩子，你一定感覺我比較不疼你，是因為我知道你很有能力，以後會自己闖出一條路，但其他手足未必能如此。」

從小到大，我一直想證明自己的能力給母親看，隨著事業日見規模，我扛起了照顧全家生計的責任，也延攬手足到公司或關係企業工作，母親對我的態度已和兒時截然不同，逢人說起我這個兒子，也會讚語連連，對我來說，這就夠了，畢竟血脈相連，過往那些難解的疑惑，就隨風而去吧！

8 從打架到扶持的兄弟情誼

我和哥哥，小時候常打架打到到鼻青臉腫，沒想到，長大之後，卻成了互相扶持的最佳夥伴……

我跟哥哥小時候經常打架、搶東西，但我常常都是輸的那個。光是身材，就差了他一大截，兒時他又很愛欺負我，倔強的我總要跟他拚個輸贏，因此，打輸掛彩是家常便飯。

國小三年級時，家裡買了新書桌，哥哥馬上說他要，我也搶著要，結果媽媽說：「哥哥過兩年要讀國中了，課業比較重，需要好的書桌，就先給他吧！」我眼巴巴的望著嶄新的書桌，心中很是不甘。

那晚，哥哥騎單車載我出門晃晃，卻遭到機車追撞，當場我就噴飛出去，不省人事。送醫之後，腿上縫了二十幾針，當時不知為何，沒有打麻藥，我就這樣被痛醒，媽媽在一旁邊看邊哭，很怕會失去我。

好不容易清醒之後，我居然還心心念念著書桌，要母親也買給我，她告訴我，哥哥已經把他那個新書桌讓給我了。我頓時笑顏逐開，早已忘了身上的劇痛。

印象深刻的是，難得贏哥哥一次，卻差點玩出人命。父親開修車廠時，我跟哥哥很喜歡在裡頭玩耍。有一次，哥哥從車上拿了一條水管跟我說：「你拿另一邊，我數一二三。你就用力吹，來比誰的力氣大。」我不想輸，於是當哥哥數到三時。我就用力吹了，沒想到水管裡有汽油，哥哥就這樣吞了一大口汽油，我嚇到狂哭，之後爸媽才將他緊急送醫。這是我少數贏的紀錄，卻算不上光彩。

到青少年時期，哥哥還是高我一個頭，體型壯碩。我雖然個頭嬌小，但惹事生非卻絲毫不手軟。常常在外頭，和人一言不合就打起來，對方家長告狀到家裡，但對父母說的是「你兒子打了我小孩」，因為沒有說清楚是哪個兒子，高壯的哥哥就成了頭號嫌疑人，直接遭殃，為我揹了黑鍋。

當兵時，哥哥捎了封信給剛入伍的我，信中對我耳提面命：「你脾氣不要那麼衝，在外凡事要忍耐，不要跟人家有爭執。」後來我才知道，因為他有天夢到我被槍斃，內心很不安，才特別寫信告誡及關心我的近況。

隨著年紀漸長，那個小時候打架把我打到鼻青臉腫的長兄，逐漸成了如兄如父的存在，尤其是開設葬儀百貨時，我需要既可以信任又能商量要事的人，哥哥就成了最佳人選，儘管他手上有工作，也不顧一切跳下來幫忙。當然家中大小事，他也會給我意見，當我衝過頭時，也會適時拉我一把，既是親人又是事業夥伴的他，讓我在賣力衝刺時，成了生命中舉足輕重的定心丸。

9

台東是我的根

每次回到台東自己買的家，通常不會睡主臥室，而是睡旁邊的小房間，應該是苦過的那段日子，都是在狹小的空間中度日，反而讓我有一種被包圍的安全感……

每次回到台東，都感覺很自在，這裡就是屬於自己的土地，有熟識的人們，甚至感覺空氣也是熟悉的。

在台東，不忙的時候，可以真正很輕鬆的放空，有時總會循著兒時活動的足跡四處繞繞，包括曾經以廟為家的救世殿，還有住過的老家。

開啟禮儀百貨起點的大慶金香鋪，還在原址一直開著，現在交給妹妹管理。當負責顧廟的媽媽工作有空檔時，會來店裡幫忙，那裡成了我在台東跟家人互動的重要據點。

出生時住的小木屋已經被大火燒毀，成了廢墟。而前面曾經是爸爸的修車廠，如今也變成了鄰居的家，原本有一條小路可以通到舊家，現在已經被一堵牆封了起來，但記憶不會就此塵封。

前幾年，在台東買了獨棟房子，也離老家不遠，原本是買給媽媽住的，希望年邁的她可以有比較舒服的生活空間，但老人家住慣了老房子，所以新房子就變成我回到台東的落腳處。

雖然有了寬闊的新家，住小房間，似乎成了我的宿命與習慣！

小時候因為經濟不佳，常常跟家人擠在一個房間住，到了結婚成家，還是很窮，跟太太、孩子住在擁擠的廟邊倉庫，身居窄屋似乎已有慣性。在台東的新居，有時候自己一個人回去，也不睡主臥，而是喜歡待在旁邊的小房間，可能感覺比較有安全感，反而太寬闊會覺得很空。

之前整年度大概有半年都在台東，可以的話，至少一個月會回來一次，因為這裡朋友多，也是出生跟成長的地方，無論事業版圖在外如何擴張，我想這一生不太可能完完全全的脫離台東。

不過自從工作的規模逐漸擴大，台中成了另一個根據地，也是目前主要居住的地方，忙起來的時候，大概要兩個月以上才能回台東一趟。有的時候剛好人在台東，結果高雄臨時有事，常常就是開車來回奔波，感覺人生就是在忙碌趕場中變得充實。

有時候回到童年生活過的救世殿，遇上神明生日或是廟會，還會拿著板凳，坐在廟前看電影、布袋戲、歌仔戲等，彷彿阿公、阿嬤還在身邊，隨時會呼喚我，該回家吃飯了。

台東是我生命的起點，事業的發源地，也是祖先還有女兒的長眠處，感覺就像是有一條隱形的線，緊緊牽繫著我與這塊土地。我想，這輩子無論身在何處，台東永遠都是我的家、我的根。

後記

真正的勇敢，是當你已經心力交瘁，仍繼續堅強！

兒少時的經歷
是抹去不了的回憶
不再回望
卻可溫習
無論如何
都是生命行旅的歷程
所有逆境
皆是我今生的功課

女兒交代我的功課，我很認真在做。我想，如果做得不好，祂應該會到夢裡來提點我，當然，我更希望是做得好，祂能常常入夢，為我打氣加油！

如果說，我的人生就是由不斷失敗所堆疊出來的血淚史，一點都不為過！但每次的跌倒，我都用盡力氣爬了起來，或許正是因為不願屈服於命運的捉弄，才成就了現在的我。

完成這本書的過程，彷彿就像人生走馬燈，把過去的五味雜陳，再度翻攪了出來，許多記憶和情感，也跟著回到眼前，一幕幕重現。只是回憶就如同電影膠片，會老、會舊，有些片段模糊了、有了刮痕，或是有意無意間被遺忘了。但我想做的，不只是忠實記錄個人故事，而是希望能夠幫助我一樣活在苦難中的人，找到勇氣。

從擺夜市被倒債，到混兄弟的失望，一直到賣香煙卻養不起家人及支付孩子的醫藥費，還有跑去做電玩被警察抓，到最後成功的做起殯葬事業。每一步走來，都是咬著牙、忍著痛、含著淚，才能跨越。上天一次次的考驗，就像是電玩裡面的關卡，總是要拚了命打怪，才能殺出一條血路，再尋求滿血復活的機會。

我想說的是，你得用盡全力拚搏，才有過關的機會！

我曾怨過命運，也曾想過放棄，但很感謝自己撐了過來，更感恩生命中每一雙扶持的手，給了我逆轉勝的機會。

直到回到彼岸的那一天，我都會持續修煉，虔誠做好每一天的功課。

與女兒的生命約定

葬儀百貨大亨李濂淞用愛翻轉人生

口　　述：李濂淞
執　　筆：孫沛芬
美術設計：洪祥閔
照片提供：李濂淞
社　　長：洪美華
責任編輯：何　喬
出　　版：幸福綠光股份有限公司
地　　址：台北市杭州南路一段 63 號 9 樓之 1
電　　話：(02)23925338
傳　　真：(02)23925380
網　　址：www.thirdnature.com.tw
E-mail：reader@thirdnature.com.tw
印　　製：中原造像股份有限公司
初　　版：2022 年 6 月
初版三刷：2022 年 11 月
郵撥帳號：50130123 幸福綠光股份有限公司
定　　價：新台幣 300 元（平裝）

本書如有缺頁、破損、倒裝，請寄回更換。
ISBN 978-626-95709-8-0

總經銷：聯合發行股份有限公司
新北市新店區寶橋路 235 巷 6 弄 6 號 2 樓
電話：(02)29178022 傳真：(02)29156275

國家圖書館出版品預行編目資料

與女兒的生命約定／李濂淞 口述；孫沛芬 執筆 -- 初版 . -- 臺北市：幸福綠光, 2022.06
面；公分

ISBN 978-626-95709-8-0 (平裝)
1. 李濂淞 2. 殯葬業 3. 自傳 4. 臺灣

783.3886　　111006567

新自然主義